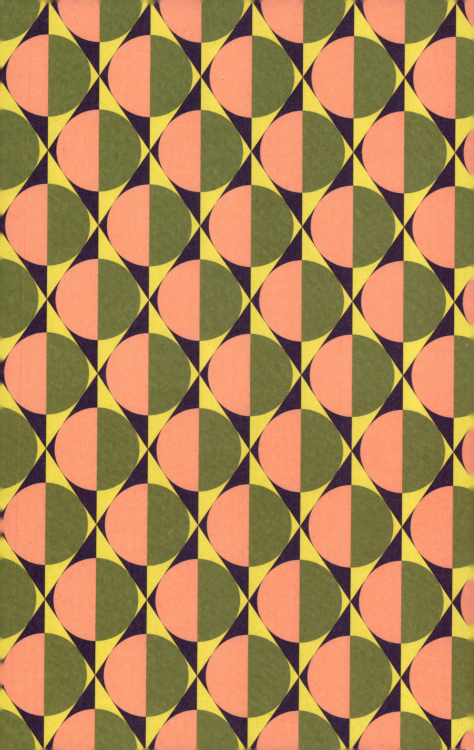

A Ciência dos Magos

E suas aplicações teóricas e práticas
PEQUENO RESUMO DO OCULTISMO

Papus

AJNA

Ao bom amigo JULIEN LEJAY, *advogado no Tribunal de Recursos de Paris, diretor dos estudos sociológicos do Grupo Independente de Estudos Esotéricos.*

Permita-me, meu querido amigo, dedicar-lhe esta obra consagrada à defesa de nossas ideias. Desde o início, você tem sido um dos maiores apoiadores de nossa causa e sempre esteve ao nosso lado em momentos difíceis. Gostaria de expressar melhor toda a minha gratidão a você, mas prefiro deixar que você mesmo fale; porque estou convencido de que a sua próxima obra será a consagração definitiva de seu verdadeiro conhecimento, disfarçado sob a sua grande modéstia.

PAPUS

Prefácio 11

Introdução
  A Tri-Unidade – correspondência e analogia – o astral 19

1

O microcosmo, ou o homem 27
  Os três princípios 31
  O corpo físico 33
  O corpo astral 34
  O ser psíquico 35
  O espírito consciente 37
  Sobre o destino 41
O macrocosmo, ou a natureza 44
O arquétipo 53
A unidade 58

2

O plano astral 65
    Os fenômenos ocultos e a prática 65
    Os fluidos 75
    Em resumo 77
    Os agentes: elementais e elementares 78
    A imagem astral 81
    Em resumo 85
A evolução e a involução (a reencarnação) 88
    A reencarnação 91
    O suicídio 95
    A morte prematura 95
A prática 97

3

As aplicações práticas do ocultismo 111
    As sociedades 123
    Títulos e graus 124
    O ocultismo e o espiritismo 125
    A "Sociedade Teosófica" 129
    O Grupo Independente de Estudos Esotéricos 130

Conclusão 137
Posfácio 141

Prefácio

O ocultismo conquistou, nos últimos anos, um lugar importante na mente de muitos pesquisadores contemporâneos. Quando era certo que a maioria dos fenômenos produzidos pela força psíquica era real, lembramos que havia uma teoria particular desses fenômenos: a magia.

Os magos da Pérsia alegavam explicar e apresentar à vontade fatos da mesma natureza; portanto, foi interessante conhecer suas ideias a esse respeito.

Essas ideias não estão tão perdidas quanto se poderia imaginar. Um estudo, ainda que superficial, dos autores que se ocuparam da magia e da alquimia ao longo dos tempos e sobre algumas conexões que existem entre as ideias apresentadas por esses autores e aquelas declaradas no Zende-Avesta, por um lado, e na Cabala, por outro, permite reconhecer, sob as transformações dos termos ao longo dos séculos, uma perfeita concordância das ideias. De tudo isso, surge uma doutrina particular que, curiosamente, pode muito bem aliar-se às nossas teorias científicas contemporâneas e, muito mais que isso, ajudar a ciência a afastar parte do caos dos fatos, ainda inexplicados, da natureza.

O ocultismo é uma doutrina que vale tanto quanto todas as outras. Ele não pretende afirmar que sozinho possui a verdade com relação aos aspectos que aborda, longe disso. Mas as teorias que expõe tendem a substituir o misticismo em todos os lugares por um certo racionalismo. Particularmente no estudo dos fatos espíritas, o ocultismo, sem negar a intervenção, em alguns casos, de entidades pessoais de entes falecidos, restringe consideravelmente a função que pode ser atribuída a essas entidades e pretende reduzir a maioria desses fatos a fenômenos de hipnotismo transcendente, produzidos principalmente pelas forças que emanam do médium e dos assistentes.

É aqui que devemos buscar a origem da ajuda que o ocultismo recebeu das mentes iluminadas e as causas de seu rápido sucesso na França; esse é também o motivo dos ataques contundentes contra o ocultismo, do qual é e será objeto por parte de alguns escritores espíritas. Não para negar a realidade dos fatos produzidos, mas, ao contrário, para aceitar de boa vontade a publicação de todas as obras, de todos os experimentos que comprovem a existência desses fatos, mas para buscar resgatar as experiências espíritas de M. Henry Lacroix e Alfred de Musset, ou as comunicações de Victor Hugo e Joana d'Arc, como simples fatos restritos à psiquiatria, sem negar jamais a possível comunicação entre um filho e seu pai, com certeza desperta a animosidade daqueles que querem ser, acima de tudo, consolados. O ocultismo tem sido muito acusado sem o saber, na maioria das vezes, e agora nos esforçamos nesta obra para trazer a questão de volta ao seu verdadeiro lugar.

O título dado a esta obra não tem outra intenção senão indicar a origem histórica das doutrinas que tentamos expor da melhor maneira possível. *A ciência dos magos* está diretamente relacionada ao ocultismo e, para provar isso, tivemos o cuidado de citar autores escolhidos de todos os séculos, desde a época do Zende-Avesta e da Cabala, até 1825, com ênfase nos do século XVI, notáveis a esse respeito.

Nossas citações foram extraídas, em sua maioria, de traduções feitas pelos membros de nossa universidade, para que não nos acusem de trair o pensamento de um determinado autor. Por fim, nos referimos ao autor, mantendo os nomes dos tradutores e a referência ao capítulo, com o único propósito de poder dizer, se necessário, *sic vos non vobis*.[1]

---

[1] *Sic vos non vobis*: expressão latina que significa "É para você, mas não é seu". (N.T.)

Esperamos, assim, responder da melhor forma possível àqueles que, por não conhecerem os primeiros elementos da história das doutrinas filosóficas, possam imaginar que inventamos o ocultismo.

Não há mais título para tal honra do que receber o nome de "mago", que queriam nos impor, apesar de nossos fortes protestos. De fato, consideramos o uso desses títulos de outra época como satisfação de uma vaidade tola, perdoável para um iniciante, mas ridículo, em primeiro lugar, para um escritor sério e, acima de tudo, altamente prejudicial à consideração que deve ser atribuída a qualquer pesquisa sincera. No século XIX, não havia títulos sérios, a não ser aqueles obtidos por meio de exames, aqueles que podem ser conquistados nas faculdades. Modifiquem os exames, criem novos, se for o caso, à vontade; mas nunca ostentem um título que não ofereça a garantia de conhecimento, como "mago" ou "hierofante". É possível não se ter nenhum diploma e se mostrar um gênio. Nesse caso, por que imitar o que temos o direito de desprezar?

Bem, voltando ao ocultismo, a essa antiga ciência dos magos, vamos lembrar que o objetivo do presente trabalho é oferecer um resumo muito sucinto dessa questão. Somos obrigados a expor, na forma de afirmações dogmáticas, ideias que frequentemente requerem um longo estudo. Desse modo, aconselhamos aos leitores mais curiosos a obter mais detalhes sobre o nascimento, a morte, os sete princípios e a história, dentre outros, em nosso trabalho anterior: *Traité méthodique de science occulte*,[2] no qual poderão encontrar numerosas tabelas e informações adicionais tanto na bibliografia quanto na doutrina.

O resumo que estamos apresentando ao público é totalmente inédito e não uma escolha eclética entre nossos estudos recentes. É, portanto, uma tentativa de transmitir nossas ideias, um ensaio cujas obscuridades e fragilidades o leitor poderá nós desculpar.

Papus
20 de março de 1892.

---

[2] Mil e duzentas páginas. À venda na editora Carré, Rue Saint-André-des-Arts, 58, e na Librairie du Merveilleux, Rue de Trévise, 29, Paris.

Introdução

A Tri-Unidade –
correspondência e analogia –
o astral

A história registra que os maiores pensadores da Antiguidade, que nasceram no Ocidente, foram completar a sua educação nos mistérios egípcios.

A ciência ensinada pelos portadores desses mistérios é conhecida por nomes diferentes: ciência oculta, hermetismo, magia, ocultismo, esoterismo, entre outros.

Idêntico em todos os seus princípios, esse código de instrução constitui a tradicional ciência dos magos, que geralmente chamamos de ocultismo. Essa ciência abarcou a teoria e a prática de um grande número de fenômenos, dos quais, hoje, apenas uma pequena parte pertence ao domínio do magnetismo ou das chamadas evocações espíritas. Vale notar que essas práticas, contidas no estudo da psicurgia, constituíam apenas uma pequena parte da ciência oculta, que ainda incluía outras três grandes divisões: a teurgia, a magia e a alquimia.

O estudo do ocultismo é essencial sob dois pontos de vista: ele lança uma nova luz sobre o passado e permite ao historiador voltar à Antiguidade de uma maneira ainda pouco conhecida. Esse estudo também apresenta, para o pesquisador contemporâneo, um sistema sintético de afirmações a serem dominadas pela ciência, e de ideias sobre forças ainda pouco conhecidas, forças da natureza ou do homem a serem controladas por meio da observação.

O uso da analogia, um método característico do ocultismo, e sua aplicação às nossas ciências contemporâneas, ou às nossas modernas concepções de arte e sociologia, permite-nos lançar uma nova luz sobre problemas aparentemente insolúveis.

O ocultismo não pretende oferecer uma única solução possível para as questões que aborda. Ele é apenas uma ferramenta de trabalho e um meio de estudo. Só mesmo o orgulho tolo pode fazer seus seguidores afirmarem que têm a verdade absoluta em relação a qualquer assunto. O ocultismo é um sistema filosófico que oferece solução para as questões que surgem com mais frequência em nossa mente. Seria essa solução a expressão única da verdade? Isso somente a experimentação e a observação podem determinar.

O ocultismo deve ser dividido, para evitar qualquer erro de interpretação, em duas grandes partes:

1. Uma parte imutável, que forma a base da tradição e que pode ser facilmente encontrada nos escritos de todos os hermetistas, seja qual for a época e a origem.
2. Uma parte pessoal do autor, composta de comentários e de aplicações especiais.[3]

A parte imutável pode ser dividida em três pontos:

1. *A existência da Tri-Unidade* como lei fundamental de ação em todos os planos do Universo.[4]
2. A existência de *correspondências* unindo intimamente todas as partes do Universo visível e invisível.[5]

---

[3] Os críticos do ocultismo baseiam seus argumentos confundindo essas duas partes de modo intencional.
[4] O homem só pode conceber a Unidade depois de analisar os três planos de manifestação dessa Unidade. Daí provém a divina Trindade da maioria das cosmogonias, a Trindade humana (Espírito-Alma-Corpo) do hermetismo, trindades sintetizadas na concepção da unidade entre Deus e o homem.
[5] É assim que voltamos, pelo uso da analogia, dos fatos às leis e das leis aos princípios. A doutrina das correspondências implica a analogia e requer seu emprego.

3. A existência de um mundo *invisível*, perpétuo e idêntico ao mundo visível.[6]

A possibilidade de cada inteligência manifestar seu potencial nos mínimos detalhes é a causa eficiente do progresso dos estudos, da origem das várias escolas e das evidências de que cada autor mantém intacta sua personalidade, seja qual for o campo de ação abordado por ele.

---

6   Aqui entram os ensinamentos esotéricos sobre o mundo astral, as forças ocultas da natureza e do homem e os seres invisíveis que habitam o espaço.

1

O microcosmo, ou o homem

À primeira vista, nada parece mais complicado que o ser humano. Como analisar todos os detalhes da constituição anatômica e fisiológica do homem, sem falar de sua constituição psicológica?

O esoterismo busca encontrar a síntese em tudo e deixa o estudo dos detalhes para os poderosos esforços das ciências analíticas. Vejamos se é possível determinar resumidamente os princípios que constituem o ser humano.

De modo geral, todos os órgãos que constituem o ser humano mostram-se em movimento constante. Tudo funciona, se movimenta e se manifesta para nós de mil maneiras; e, apenas com grande dificuldade, podemos determinar as poucas causas em meio à multiplicidade de efeitos.

Mas aí vem a noite; os membros ficam relaxados, os olhos começam a se fechar, e o mundo exterior não tem mais influência sobre o ser humano; do mesmo modo, ele próprio não tem nenhuma ação sobre o mundo exterior: ele está dormindo. Vamos aproveitar esse sono para começar o nosso estudo.

O homem está dormindo e, apesar disso, as suas artérias estão em funcionamento, seu coração está batendo, o sangue circula sem dificuldade; os órgãos digestivos continuam o seu trabalho, e os pulmões inspiram e expiram o ar revigorante em ritmo constante. Durante esse sono, o que chamamos de homem não é capaz de se movimentar, de ter sensações ou pensamento; ele não pode amar, nem odiar, nem ser feliz, nem sofrer; seus membros estão inertes, seu rosto está imóvel, e mesmo assim o seu corpo funciona como se nada de novo tivesse acontecido.[7]

Somos, portanto, inevitavelmente levados a considerar no *homem*:

1. Uma parte mecânica que continua a sua ação mesmo durante o sono e a vigília; é o organismo propriamente dito.
2. Uma outra parte, essa intelectual, que aparece apenas no estado de vigília; é o que chamamos de consciência, ou espírito.

---

[7] O fenômeno do sonho dificilmente perturba esse descanso e nos faz lembrar da existência de um princípio superior.

O domínio do organismo, portanto, parece ser tão claro quanto o da mente. Mas o que está acontecendo nesse organismo?

Tudo aquilo que depende do espírito, os membros, o rosto e suas *estruturas*, a voz, a própria sensibilidade geral, tudo isso está em repouso, como vimos. Tudo isso é periférico. Dentro do tronco, nos três segmentos que o constituem, o ventre, o peito e a cabeça, é que acontecem os fenômenos que fazem a máquina humana funcionar de maneira automática.

Como qualquer tipo de máquina, o organismo humano possui órgãos musculares que trabalham de forma automática, uma força motriz e um centro de manutenção e de renovação dessa força motriz.

Desse modo, se considerarmos algo mais material para comparar, uma locomotiva, por exemplo, encontraremos nela peças de aço movidas a vapor, e a renovação desse vapor é garantida por uma fonte contínua de calor.

Do mesmo modo, no organismo humano encontramos órgãos de constituição particular (órgãos de fibra muscular lisa), como as artérias, as veias, os órgãos digestivos, entre outros, movidos pela força nervosa transportada pelas redes do sistema chamado simpático. Essa força, bem como a vida particular de cada uma das células que constituem os órgãos, é mantida pelo fluxo da corrente sanguínea arterial. Então, os órgãos, centros de ação de várias forças, a força motriz vinda do sistema nervoso e a força propulsora do sangue em movimento, esses são os princípios essenciais que constituem a máquina humana em movimento.

Mas aí o homem acorda. Nesse momento, algo a mais é adicionado às forças anteriores. Os membros, que estavam em repouso, mexem-se; o rosto ganha vida, e os *olhos* se abrem; o ser humano, que estava deitado, se levanta e fala. A vida recomeça, ao mesmo tempo que a atividade orgânica continua mecanicamente o seu trabalho.

O princípio que acaba de reaparecer difere essencialmente dos princípios anteriores: ele possui órgãos de ação particular no corpo (órgãos de fibras estriadas); ele tem um sistema nervoso especial, e usa o corpo como o trabalhador usa uma ferramenta, ou como o maquinista usa uma locomotiva: ele governa todos esses centros e todos esses órgãos periféricos, que estavam descansando anteriormente. Chamamos esse princípio de mente consciente.

Para resumir toda a explicação anterior, encontramos no homem três princípios: *aquele que sustenta* tudo é o corpo físico; *aquele que anima*, que move tudo e que forma os dois polos de um mesmo princípio é a alma; e, finalmente, *aquele que governa* todo o ser é o espírito.

O corpo físico, a alma, ou mediador plástico,[8] é duplo, e podemos dizer que o homem é composto de três princípios orgânicos: aquele que *sustenta*, aquele que *anima*, e aquele que *move*, ou o *corpo físico*, o *corpo astral* e o *ser psíquico*, sintetizados e trazidos de volta à unidade de ação por um princípio consciente: aquele que *governa* o espírito.

Este é um exemplo do que é chamado de Trindade na unidade, ou Tri-Unidade no ocultismo.

Os três princípios

O ser humano é composto por três princípios; o corpo físico, o mediador plástico, ou alma, e o espírito consciente. Este último termo sintetiza os termos anteriores e transforma a Trindade orgânica em unidade.[9]

---

8   Este princípio que dirige todo o trabalho do corpo físico recebeu muitos nomes diferentes ao longo dos tempos, visto que é conhecido desde a Antiguidade. Os egípcios o denominaram de corpo luminoso (*Khâ*); os pitagóricos, de carruagem da alma; os latinos, de princípio animador (*Anima*), como São Paulo, os filósofos herméticos o designaram sob o nome de *mediador plástico* e de *mercúrio universal*; Paracelso e sua escola, assim como os discípulos de Claude de Saint-Martin, o filósofo desconhecido, chamavam-lhe de *corpo astral* porque seu princípio deriva da substância interplanetária ou astral. (PAPUS. *Comment est constitué l'etre humain?* Chamuel Éditeur. Paris, 1900.) [N.E.]

9   Existe Trindade e unidade no homem, assim como em Deus. O homem é um em pessoa; é tríplice em essência; ele tem o sopro de Deus, ou alma, o espírito e o corpo. (PARACELSO, século XVI).

Lembre-se de que os ocultistas de todas as épocas e escolas concordaram sempre sobre essa divisão fundamental em três princípios. No entanto, a análise desses princípios, o estudo de sua natureza física, emocional ou intelectual, sua localização anatômica ou psicológica, levaram várias dessas escolas a *subdivisões* puramente analíticas. Mas a base imutável do ensino esotérico, a doutrina dos três princípios, permanece.[10]

O corpo físico *sustenta* todos os elementos que constituem o homem encarnado. Ele tem seu centro de ação no abdômen.

O corpo astral *anima* todos os elementos constituintes do homem encarnado. Tem seu centro de ação no peito, e constitui o princípio de coesão do ser humano.

O ser psíquico *movimenta* todos os elementos que constituem o homem encarnado, com exceção

---

10 A lei de todas essas subdivisões foi dada sob o ponto de vista matemático por Hœné-Wronski, em 1800, com o nome de Lei da Criação. A unidade se manifesta primeiro em uma tríade (como em nossa primeira análise do ser humano). Desses três elementos primitivos derivam quatro elementos secundários (3 + 4 = 7), o que leva a sete o número de itens resultantes da primeira análise. Os teosofistas chegaram a esse ponto. Mas Wronski vai além e determina três novos elementos, derivados da ação de elementos positivos na série negativa e vice-versa, o que traz para o número de dez os termos da análise (as dez Sefirot da Cabala). Ao sintetizar esses termos para a Unidade, obtém-se a série completa de Wronski, o autor que atingiu a síntese mais completa produzida no século XIX.

daqueles colocados sob a dependência do espírito: ele tem seu centro de ação na parte posterior inferior da cabeça.[11]

O espírito, sintetizando em si os três princípios precedentes, governa todo o organismo, iluminado pela inteligência e servido pela vontade. O espírito tem seu centro no cérebro material; mas, com raras exceções, não está completamente encarnado no ser humano.[12]

O corpo físico

O *corpo físico* é aquele que *sustenta* todos os elementos que constituem o ser humano na Terra.

O corpo físico provê sua própria constituição com o esqueleto, os músculos e os órgãos da digestão, bem como todas as suas outras estruturas. Ele também fornece ao corpo astral os glóbulos vermelhos, os órgãos do sistema circulatório e todas as suas estruturas. Além disso, para o ser psíquico, ele supre todos os princípios materiais do sistema nervoso

---

[11] *Três mães no homem*: a cabeça, o ventre e o peito. A cabeça foi criada a partir do fogo, o ventre a partir da água e o peito, no meio do caminho entre eles, do espírito. (SEPHER JESIRAH, século II, de acordo com Ad. Franck).

[12] A cabeça é a sede da alma intelectual; o peito, da alma vital; o ventre, da alma sensível.

ganglionar. Finalmente, ele provê ao espírito todos os princípios materiais do sistema nervoso consciente.

Os elementos do corpo material do ser humano são renovados por meio da digestão de alimentos processados pelo sistema digestivo e transformados no quilo,[13] que é absorvido pelo organismo. O centro de renovação e de ação do corpo físico está localizado no abdômen.

O corpo físico circula no organismo por meio de um sistema de vasos linfáticos, em cujo caminho se situam os gânglios, centros de reserva material.

Ele é comandado, em seu curso orgânico, pelo *instinto*, e se manifesta para o espírito por meio das necessidades.

O corpo astral

O *corpo astral* é aquele que *anima* todos os elementos que constituem o ser humano.

O corpo astral é idêntico ao corpo físico. Ele constitui uma realidade orgânica e tem órgãos físicos, centros de ação e de localização.

---

[13] O quilo é última fase da digestão, quando o alimento se transforma numa massa líquida. Fonte: *Dicionário eletrônico Houaiss da língua portuguesa*. (N.E)

Os órgãos físicos especialmente atribuídos ao corpo astral são os órgãos da respiração e da circulação, e todas as suas outras estruturas.

O centro de ação do corpo astral reside, desse modo, no peito. Suas funções orgânicas são mantidas sob a influência do ar atmosférico, transformado pelo sistema respiratório em uma força vital fixada na célula sanguínea (a oxiemoglobina).[14]

O sistema circulatório distribui a força vital para todos os pontos do corpo e fornece ao ser psíquico os princípios necessários para o desenvolvimento da força nervosa.[15]

O corpo astral, que é dirigido pelo sentimento, manifesta-se ao espírito consciente por meio da paixão.

O ser psíquico

O que move todos os elementos que compõem o organismo humano é o *ser psíquico*.

---

[14] A alma sensível, ou elementar, reside no sangue e é um agente de sensação, de nutrição, de reprodução, em uma palavra, são todas as funções orgânicas. (ROBERT FLUDD, século XVI).

[15] Pitágoras ensinou que a alma tem um corpo que é dado de acordo com a sua natureza boa ou má, segundo o trabalho interior de suas faculdades. Ele chamou esse corpo de carro sutil da alma e disse que o corpo mortal é apenas seu invólucro grosseiro. Ele acrescentou que é praticando a virtude, abraçando a verdade e abstendo-se de todas as coisas impuras que se deve cuidar da alma e de seu corpo luminoso. (HIÉROCLES, *Aurea Carmina*, v, 68, século V).

O ser psíquico é o centro de sublimação e de condensação do corpo astral. Ele tem seus órgãos físicos tanto de circulação quanto de ação.

Os órgãos físicos especialmente atribuídos ao ser psíquico são os que constituem o sistema nervoso ganglionar e todas as suas estruturas (o cerebelo – o sistema grande simpático – os nervos *vasomotores*).[16]

O centro de ação do ser psíquico está, portanto, na cabeça (parte posterior inferior). Suas funções orgânicas são mantidas sob a influência da força vital fornecida pelo sangue e transformada pela ação do cerebelo em força nervosa.[17]

O sistema nervoso da vida orgânica difunde o movimento em todos pontos do corpo e fornece à mente consciente os elementos necessários à elaboração do pensamento.[18]

---

16 Existem dois tipos de inteligência no homem; a chamada *inteligência material* tem como tarefas dirigir e coordenar os movimentos do corpo (ela não pode se separar do material). A *inteligência adquirida e comunicada*, independentemente do organismo, é uma emanação direta da chamada inteligência ativa, ou universal. Ela tem como atributo especial a ciência propriamente dita, o conhecimento do absoluto e do inteligível por meio de princípios divinos, que são a sua fonte. (MAIMÔNIDES, século XII).
17 Existem dois tipos de almas: a alma sensível, comum ao homem e aos animais; a alma intelectual, imortal, ou simplesmente o espírito (*mens*) que pertence apenas ao homem. (VAN HELMONT, século XVI).
18 Veja, esses sentidos (o bom senso e a imaginação) têm sua localização na cabeça; lá, tanto o bom senso quanto a imaginação ocupam os primeiros lugares nas células cerebrais (embora Aristóteles acreditasse que o bom senso tivesse sede

O ser psíquico, guiado pela intuição, se manifesta ao espírito por meio da inspiração.

O espírito consciente

Aquele que governa todo o ser humano, o que sente, o que pensa e o que deseja, trazendo a trindade orgânica de volta à unidade da consciência, é o espírito imortal.

O espírito tem um campo de ação bem definido nos seres humanos, com um centro de ação, órgãos e condutores particulares.

Os órgãos físicos especialmente atribuídos ao espírito são aqueles que constituem o sistema nervoso consciente e todas as suas estruturas.

O espírito tem, portanto, a cabeça como centro de ação. O corpo físico fornece a ele a matéria para o sistema nervoso consciente; o corpo astral fornece a força vital que anima essa matéria; o ser psíquico fornece a força nervosa necessária para a sua ação. Além disso, cada um dos três princípios fornece para a mente um ou mais órgãos dos sentidos.[19] ·

---

no coração) e o pensamento, ou a faculdade de pensar, se mantém no topo e no meio da cabeça, enquanto a memória fica embaixo, na parte de trás da cabeça. (AGRIPPA, século XVI).

19   O homem é mortal em relação ao corpo; mas ele é imortal quanto à alma, aquela que constitui o homem essencial. Como imortal, ele tem autoridade sobre todas as coisas, mas, com respeito à

O corpo físico fornece ao espírito o tato e o paladar, o corpo astral fornece o olfato, enquanto o ser psíquico fornece a audição e a visão.

Esses vários sentidos conectam o espírito com o mundo exterior.

O espírito, por outro lado, está relacionado com o ser interior, que se manifesta a ele por um impulso sensual, passional ou intelectual.

É por meio da medula espinhal (porção posterior) que as comunicações são estabelecidas entre o espírito consciente e cada um dos três centros orgânicos humanos: ventre, peito e cabeça.

A essência do espírito consiste na sua liberdade para se deixar levar pelos impulsos internos ou para resistir a eles. É nessa faculdade primordial que consiste essencialmente o chamado livre-arbítrio.

O espírito, embora seja independente de cada um dos três centros orgânicos, age sobre eles não de modo direto, mas indireto.

O espírito não pode modificar diretamente o funcionamento dos órgãos digestivos, mas ele tem todo o poder na escolha dos alimentos, e a boca, que é a porta de entrada do ventre, está sob o controle exclusivo do espírito, tendo o paladar como auxiliar sensorial.

O espírito não pode modificar diretamente o funcionamento dos órgãos circulatórios, mas tem total

---

parte material e mortal de si mesmo, ele está sujeito ao destino.
(POIMANDRE DE HERMES, século II, após a crítica acadêmica).

poder na escolha do ambiente em que respira, e as cavidades nasais, que são a porta de entrada para o tórax, estão sob o controle do espírito, tendo o olfato como um auxiliar sensorial.

Com isso, o espírito pode modificar voluntariamente a constituição do corpo físico, alterando adequadamente como ele se alimenta (primeira fase da magia prática), e o espírito também pode atuar no corpo astral, agindo na frequência respiratória e modificando, por meio de odores especiais, o ar atmosférico que ele inspira (segunda fase da magia prática).

Por fim, a ação do espírito sobre os olhos e os ouvidos ajuda a desenvolver a clarividência e clariaudiência conscientes (terceira fase da magia prática).

Por meio dos alimentos, do ar inspirado e das sensações, o espírito age sobre o ser interior; e por meio de seus membros ele atua sobre a natureza.

À laringe e aos olhos, considerados órgãos de expressão, assim como à boca, ainda se somam os membros na ação consciente do espírito sobre os outros homens e sobre o mundo exterior; sobre o não ser.

Resumindo, as funções do espírito são as seguintes:

Anatomia e fisiologia filosófica	Graças aos elementos materiais, vitais e psíquicos fornecidos ao espírito pelos três princípios do ser interior, ele possui meios de ação especiais.

O que ele sente	Ele recebe	Do ser interior, impulsos sensuais, anímicos e intelectuais. Do não ser, sensações diversas.
O que ele pensa		Ele percebe as ideias que derivam desses vários estados psíquicos, ele as compara, classifica, faz um julgamento e, finalmente, formula a sua vontade.
O que ele quer	Ele age então	Sobre o ser interior pelas entradas dos três centros, que estão sob sua dependência, e pelos elementos introduzidos em cada um dos três centros. Ele também pode atuar na periferia do ser por meio de seus membros. Sobre o não ser por meio dos membros, colocados sob sua dependência, e por alguns outros órgãos de expressão: a voz, o olhar, o gesto, entre outros.

Aquilo que ele sente e deseja está em relação direta com os órgãos do corpo; por outro lado, aquilo que ele pensa os domina.

Da ação do ventre sobre o não ser (o alimento) resulta o quilo, que o organismo absorve para a nutrição; da ação do peito sobre o não ser (o ar) resulta toda a dinâmica do sangue; da ação da cabeça sobre o organismo (a sensação) resulta a ideia.

O que resulta então da ação do espírito consciente sobre o ser interior e sobre o mundo exterior?

Sobre o destino

O ser humano, concebido como um todo, por meio do livre uso que sua vontade faz dos elementos que lhe foram confiados, produz a sorte ou o azar para o seu desenvolvimento futuro. Aí temos o livre-arbítrio que regula o destino da mônada humana.[20]

---

20 A parte sensível e inteligente do nosso ser deve ser vista como a reunião de três princípios distintos:
1. O *Djan*, que preserva a forma do corpo e mantém a ordem e a harmonia de todas as suas partes (o corpo astral). 2. O *Akko*, o princípio divino e inalterável, que nos ilumina sobre o bem que deve ser feito, sobre o mal que deve ser evitado, e nos anuncia a partir desta vida uma vida melhor (a mente consciente). 3. A Alma, ou a pessoa humana, que inclui a inteligência (*Boc*), o julgamento e a imaginação (*Ronan*) e a própria substância da alma (*Ferouer*, o ser psíquico). Ao morrer, o *Akko* retorna ao céu, e a alma permanece como a única responsável pelas nossas boas ou más ações. (ZOROASTRO, Sad-der, 5oo a.C.).

Explicação sobre a figura

Esta figura representa os respectivos campos do inconsciente e da mente consciente no homem. *Tudo o que está vazado* na figura é colocado sob a direção do inconsciente ou sofre a sua influência direta. Por outro lado, *tudo o que está em preto* é colocado sob a direção da vontade consciente. As áreas *acinzentadas* representam a parte sensível consciente do ser humano, as *escuras* indicam as partes motrizes.

O macrocosmo, ou a natureza

O homem construiu grandes cidades; em torno delas, campos extensos foram cultivados; belos rebanhos pastavam nos prados em total tranquilidade; aquela era uma sociedade humana, com organismos sociais e escolas nacionais, e tudo era estabelecido naquele maravilhoso país chamado Egito.

Mas o eixo magnético das civilizações desviou-se em tal grau que veio a guerra, e os incêndios devastaram tudo, as ruínas suplantaram as belas cidades, as matas selvagens e as florestas tomaram o lugar dos campos cultivados, os animais ferozes e as cobras venenosas substituíram os rebanhos gordos e, depois disso, nenhuma sociedade humana mais se estabeleceu naqueles desertos.

O que pode ser então esse poder misterioso que desfaz assim as obras realizadas pelos homens? Quem é esse oponente oculto que retoma a posse de seus próprios bens, assim que o homem para de lutar? É a natureza, a força fatal que dirige tudo o que o homem vê ao seu redor no Universo, desde o Sol até a folha da grama. Somente ao preço de uma luta sem trégua, ao aplicar constantemente os esforços de sua vontade, é que o homem consegue dominar a natureza e torná-la um auxílio valioso em sua marcha para o futuro. A vontade humana é tão poderosa quanto a fatalidade da natureza; essas são duas das forças cósmicas mais elevadas que se manifestaram no Absoluto.

Considere qualquer canto do nosso planeta em que a natureza manifeste seu poder junto da ação humana, e veremos se não encontraremos por lá as leis gerais escondidas sob uma multiplicidade de esforços aparentes.

Imaginemos uma área dentro de uma floresta tropical. A Terra e as suas camadas geológicas estão intercaladas por veios metálicos que formam a base, a sustentação de quase tudo o que podemos ver.

Um riacho segue silenciosamente seu curso entre as árvores e as plantas que aparecem em todos os lugares. Sem a água fertilizante, que atua no planeta, assim como o quilo atua no corpo do homem, nada cresceria na terra seca.

Entre essas plantas circulam insetos velozes ocupados com a sua luta pela sobrevivência. Naquelas árvores, os pássaros brincam e, nas profundezas da floresta, ouvimos o assovio de cobras e o rugido de animais selvagens.

Acima de todos esses seres, vegetais ou animais, um fluido sutil circula, invisível, impalpável: o ar, a origem do movimento vital que move toda a natureza animada. Finalmente, lá em cima, no céu, o Sol lança os seus raios ardentes sobre esse lugar da Terra. Os raios do Sol trazem o movimento para todo o planeta, movimento esse cujas combinações mais ou menos intensas com a matéria produzem todas as forças físicas que conhecemos. O Sol se condensa na substância das árvores, de onde o homem irá extraí-lo mais tarde no estado de calor, ao queimar a madeira ou o carvão. O movimento do Sol se condensa no interior da Terra na forma de magnetismo, e se manifesta em sua superfície como atração molecular.

Resumindo: a Terra *sustenta*, a água e o ar *animam*, o fogo solar *move*, criando todas as forças físicas, e a fatalidade *governa* a marcha de todas essas forças e de todos os seres, isso é o que aprendemos ao observarmos de perto esse lugar da Terra. E isso é tudo?

Não. Todas essas forças, todos esses elementos fluem através de três reinos, os minerais que são lentamente decompostos pelas raízes dos vegetais, que os assimilam e os transformam em substância vegetal, que os raios solares vêm carregar de princípios dinâmicos, e que o ar vem animar.

Os animais, por sua vez, tomam a substância vegetal, que digerem e transformam em substância animal. E a vida universal, idêntica para todos os seres, circula por todos os reinos, animando tanto a folha da grama quanto o cérebro do grande quadrúmano.[21]

Os três reinos constituem o corpo material de cada um dos continentes do nosso planeta, e cada um desses três reinos se manifesta num centro particular do organismo terrestre. O reino mineral é a espinha dorsal, o centro de digestão e de excreção; já o reino vegetal é o centro anímico digestor do mineral e que purifica constantemente o ar, tão essencial para todos os seres; finalmente, o reino animal é o centro intelectual, que evolui do instinto para a inteligência e, por meio de uma dolorosa ascensão, chega à consciência.[22]

O que *sustenta* todos os princípios em ação no planeta é a Terra, com a sua tripla evolução: mineral, vegetal e animal.

O que *anima* é a água e o ar. A água age na natureza como a parte líquida do sangue no homem, e o ar atua na natureza como uma célula de sangue no homem.

O que *move* são as forças físico-químicas produzidas pela combinação dos raios solares com a

---

[21] Antiga divisão dos mamíferos, que compreendia os primatas, com exceção do homem, dotados de pés preênseis, semelhantes a mãos. Fonte: *Dicionário eletrônico Houaiss da língua portuguesa.* (N. E.)

[22] A alma dos minerais se desenvolve sob a ação dos planetas. A alma das plantas sob a ação do Sol e, à medida que crescem, se multiplicam; porque cada semente encerrada no cálice de uma flor é uma alma distinta coberta por um leve invólucro de água e de terra. (ROBERT FLUDD, século XVI).

matéria orgânica ou inorgânica, e essas forças, em sua essência, são o movimento que os antigos chamavam de fogo.

Terra, água, ar e fogo, esses são os quatro princípios que vemos agir na natureza, se abandonarmos o campo da análise científica para permanecer em um campo essencialmente geral. Não temos medo de sermos acusados de ignorância, ou de sermos esmagados pelo peso do ridículo por ousar voltar, no final do século XIX, sem temor, aos quatro elementos da antiga física dos iniciados.

Perceba que acabamos de analisar apenas uma pequena área de nosso planeta. As forças físico-químicas, o ar, a água e a terra constituem apenas os princípios em ação na parte da natureza que nos cerca imediatamente, o que os antigos chamavam de *mundo elementar*. Bem, vamos continuar a nossa análise.

Vimos, há pouco, fatos que acontecem em uma pequena região do nosso planeta. O uso da analogia nos permite esperar que, de forma semelhante, a mesma lei que rege o funcionamento de uma célula ou de um órgão no homem deve reger o de um continente, e até mesmo de todo o planeta, concebido como um ser orgânico especial.

Os hemisférios do nosso planeta, isolado no espaço, são banhados alternadamente e de forma intensa pelo fluido solar. Daí a existência do dia e da noite, que correspondem à inspiração e expiração de um ser humano. No corpo humano, o fluido reparador, o sangue, circula pelos órgãos que ele banha. No corpo do mundo, ao contrário, são os planetas (os órgãos do sistema solar), que circulam pelo fluido solar reparador. A Terra aspira o movimento pelo Equador e expira pelos polos.[23]

Nosso planeta recebe três influxos especiais do mundo externo:

1. do Sol
2. da Lua, satélite da Terra
3. dos outros planetas do sistema solar (considerando as estrelas fixas muito distantes para ter uma ação especial sobre os planetas).

O estudo dessas correntes fluídicas e da sua ação fisiológica constitui o que chamamos de astrologia.

Por outro lado, a nossa Terra emite vários fluidos:

1. Ela é diretamente circundada por uma camada atmosférica especial.

---

[23] A luz, ao se misturar com o ar invisível, produz o éter, outra espécie de fogo mais sutil e mais ativo, princípio da geração e do organismo, veículo da vida em toda a extensão do Universo. A rigor, o éter não é propriamente um corpo, mas um meio-termo, uma espécie de mediador entre os corpos e a força vivificadora que os penetram, isto é, a alma do mundo. (R. FLUDD, século XVI).

2. Ela é brilhante, quando vista de outros planetas.
3. Ela possui uma força particular de atração que atua tanto sobre os corpos colocados na superfície do planeta quanto sobre a Lua, e especialmente também sobre os outros planetas do sistema solar.

A Lua, sendo uma dependência cósmica da Terra, entra em sua esfera de atração, e o nosso planeta, unido ao seu satélite, forma um sistema planetário. A Lua atua em relação à Terra como o sistema nervoso simpático em relação ao organismo humano: ela regula e distribui a força dinâmica e, assim, regula o crescimento e a diminuição de todos os organismos vivos na Terra.

Porém, a Terra e o seu satélite são apenas um dos organismos do nosso sistema solar que, sozinho, constitui um todo, um organismo especial dentro do Universo.

Um sistema solar é composto de elementos materiais organizados em três categorias:

1. Satélites que obedecem à atração de um planeta.
2. Planetas que obedecem à atração de um Sol.
3. Um Sol que obedece à atração de um determinado centro particular superior.

Forças físico-químicas agem entre os satélites e os planetas; elas são chamadas de fluidos elementares. Entre os planetas e o Sol agem forças cósmicas e fluidos chamados astrais. Entre o Sol e o seu centro de atração superior atuam as forças psíquicas e os chamados fluidos principiadores.

Desse modo, para um planeta dentro de um sistema solar, o(s) satélite(s) atua(m) como o abdômen, o Sol atua como o coração, e o centro de atração atua como o cérebro no homem.

Em resumo, um sistema solar compreende quatro ordens de princípios:

> *Aquele que sustenta* os organismos do sistema: os satélites, os planetas e o Sol.
> *Aquele que anima*: o fluido dinâmico que emana do Sol.
> *Aquele que move*: uma força de atração localizada nos satélites dos planetas e no Sol, e que emana do centro de atração superior do Sol.
> *Aquele que governa*: o poder cósmico chamado natureza, ou destino.

A antiga física dos hermetistas considerava que o Universo era constituído de três planos ou *mundos*:

1. O mundo elementar, constituído pelas forças em ação no nosso planeta, também chamado de mundo sublunar, e cujo domínio se estendia da Terra ao seu satélite, a Lua (domínio das forças físico-químicas).
2. O mundo dos orbes, constituído pelas forças em ação no sistema solar, e cujo domínio se estendia do Sol aos planetas (domínio das forças astrais).
3. O mundo empíreo, constituído pelas forças em ação no Universo todo, e cujo domínio se estende do centro de atração do nosso Sol (ainda pouco determinado cientificamente) a outros sóis da mesma esfera de atração (domínio dos princípios de força).

E esses três planos não são centros de ação estritamente delimitados. Assim como no homem encontramos em todas as partes do organismo a ação linfática, a sanguínea e a nervosa, embora o ventre, o peito e a cabeça sejam planos separados que centralizam a ação desses três elementos, de modo semelhante, até mesmo no menor dos planetas, encontramos as forças físicas, vitais e de atração, e teremos nele as respectivas manifestações do mundo elementar, do mundo dos orbes e do mundo empíreo.

O arquétipo

Quando queremos representar o homem, é sempre a imagem de seu corpo físico que se apresenta primeiramente à nossa mente.

Entretanto, basta um pouco de reflexão para nos fazer entender que esse corpo físico apenas sustenta e manifesta o verdadeiro homem, o espírito que o governa.

Podemos remover milhões de células desse corpo físico ao cortar um de seus membros, sem que a unidade de consciência do ser passe pelo mínimo dano. O homem inteligente em nós é independente de todos os órgãos, que são para ele apenas suportes e meios de comunicação.

Não é menos verdade, porém, que para nós, em nosso estado atual, esses órgãos físicos são muito úteis, diríamos até que eles são essenciais para nos permitir retomar, e até mesmo compreender, a ação do espírito. Sob essa base inteiramente física, nossas deduções assumirão o caráter vago e místico de dados exclusivamente metafísicos.

Uma análise muito superficial pode nos levar a confundir o homem intelectual com o homem orgânico, ou tornar a vontade totalmente interdependente do funcionamento dos órgãos.

Mas quando se trata de lidar com a questão sobre Deus, na maioria das vezes caímos em um dos excessos que acabamos de apontar sobre o homem.

Todos os seres e todas as coisas existentes sustentam e manifestam a divindade, assim como o corpo físico do homem sustenta e manifesta o espírito.

Querer lidar com Deus sem apoiar-se em todas essas manifestações físicas é correr o risco de se perder nas nuvens da metafísica, é permanecer em um terreno incompreensível para a maioria das inteligências. Portanto, quando nos apoiamos, por um lado, na constituição do homem, e por outro, na do Universo, podemos fazer um esforço para a compreensão da ideia de Deus.

No homem, vimos um ser físico, ou melhor, orgânico, que funciona de forma mecânica tanto durante a vigília quanto durante o sono. Acima desse ser orgânico, determinamos a existência de outro: o ser intelectual, que entra em ação ao despertar e se manifesta quase exclusivamente durante o estado de vigília.

A parte orgânica do ser humano corresponde à ideia que temos em relação à natureza. É a mesma lei fatal e constante que governa a caminhada do ser orgânico e do Universo, sendo esse último formado por órgãos cósmicos, em vez de órgãos humanos.

O ser intelectual no homem, portanto, corresponde, de maneira elementar, à nossa ideia sobre Deus. Relacionar o ser físico com ser intelectual nos esclarecerá sobre as relações entre a natureza e Deus, assim como as relações entre o ser físico e o espírito no homem podem nos ajudar a compreender de forma análoga sua relação com Deus.

Com isso, podemos agora postular em princípio que, se a nossa analogia for verdadeira, Deus, que embora se manifeste na humanidade e na natureza, e atue sobre esses dois grandes princípios cósmicos, tem uma existência própria e independente.

Essa unidade primordial, assim concebida, não deve intervir no curso das leis naturais, tanto quanto o espírito consciente no homem não intervém no funcionamento do coração ou do fígado.

O homem é o único criador e o único juiz de seu destino. Ele é livre para agir como quiser em relação a ele, tanto quanto um viajante pode, dentro de um trem ou de um navio, agir como desejar em sua cabine ou compartimento. Deus não pode ser cúmplice das falhas humanas; assim como o condutor do trem ou o capitão do navio não serão responsáveis pelos caprichos dos viajantes que eles conduzem.

Para evitar qualquer erro daqui para frente, é necessário distinguir claramente que Deus, como parece à primeira vista, é a soma de tudo aquilo que existe, assim como o homem é o conjunto de todos os seus órgãos e de todas as suas faculdades. No entanto, o verdadeiro homem, o espírito, é independente do corpo físico, do corpo astral e do ser psíquico, mas ele percebe e domina os três. Da mesma forma, o Deus-Unidade é distinto da natureza e da humanidade, que ele percebe e domina. Na verdade, a natureza é o corpo de Deus, e a humanidade é a vida de Deus, mas uma vez que o corpo material é o corpo do homem, e o corpo astral e o ser psíquico são os princípios humanos vitais, esse é o homem orgânico, mas não o homem espiritual, aquele que, mais uma vez, usa esses princípios somente como meio para a sua manifestação.[24]

Não é menos verdade que o espírito do homem está sempre em relacionamento íntimo até com a

---

24 No início, Deus só existe em poder, em unidade inefável: Ele é a primeira pessoa da Trindade, é o chamado Deus Pai; então, Ele se revela e cria todo o mundo inteligível para si mesmo; Ele se opõe como pensamento, como razão universal: Ele é a segunda pessoa da Trindade, ou o Deus Filho; enfim, Ele age e produz, Sua vontade é exercida e Seu pensamento se realiza fora Dele: essa é a terceira pessoa da Trindade, ou o Espírito. Deus passando eternamente por esses três estados, nos transmite a imagem de um círculo cujo centro está em toda parte e cuja circunferência não está em lugar nenhum. (*Philosoph. Mor. Sect.* I, livro II, cap. IV.) R. FLUDD (século XVI).

menor parte de seu organismo, sobre a qual ele talvez não consiga atuar, mas que, por sua vez, pode se manifestar ao espírito por meio do sofrimento. Do mesmo modo, Deus está presente, direta ou indiretamente, desde o início da Criação, em cada um de nós, assim como a consciência humana está presente como um receptor ou motor consciente em cada uma de nossas células corporais.

Natureza e homem, portanto, agem livremente e estão rodeados por todos os lados pela ação divina circunferencial, que atrai o Universo para o progresso sem interferir despoticamente nas leis naturais ou nas ações humanas. Assim, o capitão do navio atua no leme, e o navio navega em direção ao destino da viagem, sem interferir na estrutura do motor e nas outras engrenagens (imagem que representa a natureza), ou nas atividades dos passageiros (o homem). O capitão governa circunferencialmente o sistema geral; ele não se preocupa com o que acontece dentro das cabines.

No entanto, a ação do capitão é exercida, se não diretamente, por intermédio dele:

1. Na mecânica do navio, por suas ordens.
2. Sobre os viajantes, pelos regulamentos de bordo elaborados por ele.[25]

---

[25] O princípio único do Universo é o Pai da Trindade inteligível.

A unidade

O Universo, concebido como um todo vivo, é composto por três princípios: a natureza, o homem e Deus, ou, para usar a linguagem dos hermetistas, o macrocosmo, o microcosmo e o arquétipo.[26]

O homem é chamado de microcosmo, ou pequeno mundo, porque contém analogamente em si as leis que regem o Universo.[27]

A natureza forma o centro da manifestação geral de outros princípios.

O homem intervém na natureza pela ação, nos outros homens pela palavra, e se eleva a Deus pela oração e pelo êxtase, formando o elo que une a Criação ao Criador.

Deus envolve, com a sua ação providencial, os domínios nos quais os outros princípios agem livre-

---

26 Há três mundos (o mundo arquetípico, o macrocosmo e o microcosmo), ou seja, Deus, a natureza e o homem. R. FLUDD (século XVI).
27 O homem sozinho forma um mundo inteiro chamado microcosmo, porque ele oferece, de forma resumida, todas as partes do Universo. Assim, a cabeça responde ao celestial, o peito ao céu etéreo ou médio, e o ventre à região elementar. R. FLUDD (século XVI).

mente; domina o Universo, do qual traz de volta todos os elementos para a unidade de direção e de ação.

Deus se manifesta no Universo pela ação da Providência, que ilumina o homem em sua caminhada; no entanto, não pode se opor dinamicamente a nenhuma das outras duas forças primordiais.[28]

O homem se manifesta no Universo pela ação da vontade, que permite a ele lutar contra o destino e torná-lo servo de seus desígnios. Ao aplicar a sua vontade no mundo exterior, o homem tem a completa liberdade para seguir as luzes da Providência ou para desprezar sua ação.

A natureza se manifesta no Universo por meio da ação do destino, que perpetua de maneira imutável, e dentro de uma ordem estritamente determinada, os tipos fundamentais que constituem sua base de ação.

---

28 É a natureza que está presente no nosso nascimento, que nos dá pai, mãe, irmãos, irmãs, as relações de parentesco, uma posição na terra, uma posição dentro da sociedade; isso não depende de nós; tudo isso, para o homem comum, é obra do acaso; mas para o filósofo pitagórico, essas são as consequências de uma ordem anterior, severa, irresistível, denominada fortuna ou destino. Pitágoras opôs a essa natureza restrita uma natureza livre que age sobre as coisas como se fossem uma matéria-prima, que as modifica e tira dela bons ou maus resultados à sua vontade. Essa segunda natureza foi chamada de força, ou vontade: é isso que governa a vida do homem e que dirige sua conduta de acordo com os elementos que a primeira fornece a ele. Necessidade e vontade, esses são, de acordo com Pitágoras, os dois motivos opostos do mundo sublunar para onde o homem é relegado, motivos que extraem sua força a partir de uma causa superior, que os antigos chamavam de Nêmesis, o decreto fundamental, e que hoje chamamos de Providência. FABRE D'OLIVET (*Versos dourados*. 5º estudo, 1825).

Os fatos estão no domínio da natureza; as leis, no domínio do homem; e os princípios, no domínio de Deus.

Deus cria somente por princípio. A natureza desenvolve os princípios criados, para constituir os fatos, e o homem estabelece, pelo uso da vontade e das faculdades que possui, as relações que unem os fatos e os princípios, e ele transforma e aperfeiçoa esses fatos com a criação de leis.

Mas um fato, por mais simples que seja, é somente a tradução que a natureza realiza de um princípio que emana de Deus, e o homem sempre pode restaurar o elo que liga o fato visível ao princípio invisível, e isso pela enunciação de uma lei (base do método analógico).

Um navio a vapor é lançado no imenso oceano e navega em direção ao propósito designado pelo prazo de duração da viagem. Tudo no navio segue adiante.

Ainda assim, todos lá dentro são livres para organizar sua cabine como quiser, são livres para subir no convés para contemplar o infinito, ou para descer até o fundo do porão. O avanço acontece todos os dias para todos ali; apesar disso, cada indivíduo é livre para agir como quiser no círculo de ação compartilhada.

Todas as classes sociais estão naquele navio, desde o pobre emigrante, que repousa em um saco de dormir, até o rico ianque, que ocupa uma boa cabine.

A velocidade é a mesma para todos, sejam ricos, pobres, grandes ou pequenos, e todos chegarão ao mesmo tempo no final da viagem. Uma máquina inconsciente opera sob as leis estritas que movem todo o sistema. Uma força cega (vapor) é canalizada através de tubos e órgãos de metal, gerada por um fator especial (calor) que anima a máquina inteira.

Uma vontade dominante governa tudo, desde a máquina orgânica até todos os passageiros: o capitão.

Indiferente à ação particular de cada passageiro, o capitão, com os olhos fixos na meta a ser alcançada e a mão no leme, conduz o imenso organismo até o final da viagem, e dá suas ordens ao exército de inteligências que a ele obedece.

O capitão não controla diretamente as hélices que movem o navio, ele tem ação imediata somente sobre o leme.

Fazendo uma analogia, o Universo pode ser comparado a um enorme navio, e Deus está, como o capitão, no comando; a natureza é a estrutura mecânica sintetizada nas hélices que operam às cegas todo o sistema, sob leis estritas; os seres humanos são os passageiros.

O avanço existe para todo o sistema de modo geral, porém cada pessoa é absolutamente livre no círculo de ação de seu destino.

Essa é a imagem que mostra com bastante clareza os ensinamentos do ocultismo sobre tal questão.

2

O plano astral

Os fenômenos ocultos e a prática

Tudo o que dissemos até agora, exceto talvez o que se relacione com a existência de Deus, não irá chocar demasiadamente o leitor que se considere um "espírito racional". Isso porque fizemos todos os esforços para permanecer em um campo tão científico quanto essas questões permitem.

Entretanto, nos resta falar sobre o mundo invisível e sua constituição, sobre os seres invisíveis e sua ação, em uma palavra, sobre o verdadeiramente oculto, ou melhor, a parte oculta da ciência dos antigos.

O leitor verá, no contexto de nossa exposição, os ensinamentos do ocultismo, resumidos e quase sem nenhum comentário, que falam sobre os espectros, os fantasmas, os elementais e os elementares, as propriedades mágicas do corpo astral e do mundo astral, entre outros assuntos.

Esses são assuntos que tanto confundem o senso comum em nosso tempo, sendo provável que mais de um leitor tenha a certeza de que essas páginas são fruto de algum tipo de insanidade, se é que ainda não chegou a uma conclusão semelhante antes mesmo de iniciar este capítulo.

Temos a certeza de que os fenômenos inexplicáveis sobre os quais falaremos são a expressão da realidade. Quaisquer que sejam as conclusões dos leitores, deixamos esse julgamento ao poder supremo, que saberá fazer justiça a todos: o tempo.

No ser humano, há uma parte visível e uma invisível.[29]

A parte visível nos mostra a parte invisível, assim como o receptor de telégrafo reproduz a mensagem enviada de longe.

Na natureza, de acordo com o ocultismo, também há toda uma parte invisível, além dos objetos e das forças físicas que atingem os nossos sentidos materiais.

Assim como no homem circulam fluidos e células invisíveis (sangue e fluidos nervosos,

---

[29] Abaixo da natureza eterna, encontramos a natureza visível, que é uma emanação e uma imagem da primeira. Tudo o que a natureza contém nas condições da eternidade, a outra nos apresenta na forma de Criação, ou seja, dentro dela, as essências são traduzidas em existência e as ideias, em fenômenos. JACOB BOEHME (século XVI).

A CIÊNCIA DOS MAGOS

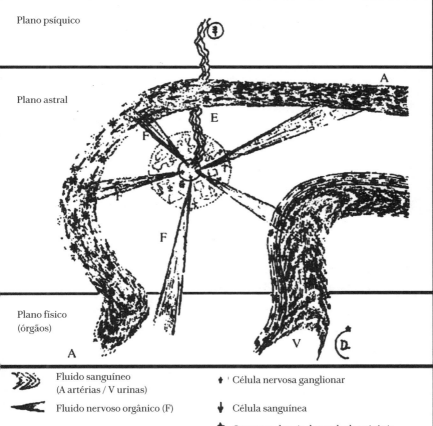

Plano psíquico

Plano astral

Plano físico (órgãos)

	Fluido sanguíneo (A artérias / V urinas)	♦	Célula nervosa ganglionar
	Fluido nervoso orgânico (F)	♦	Célula sanguínea
	Fluido nervoso consciente (E)	♱	O mesmo depois da perda de oxigênio
		✱	Leucócitos dentro dos vasos
	Formas conscientes no astral	♠	Célula nervosa consciente

glóbulos vermelhos e leucócitos), na natureza circulam forças invisíveis e seres do plano físico.[30]

O ocultismo, que estabeleceu no homem a existência de um corpo astral, criador e conservador das formas orgânicas, não poderia parar no estudo da natureza, da observação das forças físico-químicas ou dos resultados da evolução. Essas coisas visíveis são, repetimos, apenas o resultado de princípios invisíveis aos nossos sentidos físicos.

Lembremos que a parte invisível do homem tem dois princípios fundamentais: de um lado, o corpo astral e o ser físico, e do outro, o espírito consciente.

A natureza, concebida como uma entidade especial, também inclui, em sua parte invisível, um plano astral e um plano físico por um lado, e um plano divino, por outro.

O conhecimento do plano astral é essencial se quisermos entender as teorias apresentadas pelo ocultismo para explicar todos os fenômenos aparentemente estranhos, provavelmente produzidos pelo homem, desenvolvidos de uma maneira particular.

Esse assunto é muito obscuro por si só. No entanto, basta confiar tanto quanto possível na constituição do homem, para entender o que ainda temos para expor.

---

[30] A alma cria o seu próprio corpo, ou seja, ela não somente o governa e o anima, mas também o molda. PORFÍRIO (século III).

O que significa este termo aparentemente estranho, o plano astral? Usaremos algumas comparações um tanto grosseiras, é verdade, mas que são ao mesmo tempo muito sugestivas, para nos colocar no caminho de uma definição compreensível desse termo.

Por exemplo, vamos imaginar um artista que tem a ideia de fazer uma escultura. Do que ele precisa para realizar a sua ideia? Um material qualquer, um pouco de argila, por exemplo. Mas isso é tudo?

À primeira vista, sem dúvida que sim. Mas vamos supor que o infeliz artista tenha paralisia ou apenas um braço.

O que aconteceria?

A sua ideia para moldar a escultura estaria tão clara quanto possível em sua mente. Por outro lado, a argila estaria pronta para receber e manifestar essa forma imaginada, mas o intermediário, neste caso, a mão, não obedeceria mais ao cérebro, por um lado, e, por outro, não poderia mais agir sobre o material e nada aconteceria.

Para que a imagem criada pelo artista se manifeste por meio do material, é necessária a existência de um intermediário entre a ideia e a matéria.

Para relembrar uma de nossas analogias mais conhecidas, a ideia do artista pode ser comparada ao cocheiro, e a matéria, à carruagem.

O intermediário entre o cocheiro e a carruagem é o cavalo. Porém, sem cavalo, o cocheiro, sentado no assento, não pode mais atuar sobre a carruagem e dirigi-la, do mesmo modo que, sem as mãos, o artista não pode moldar a argila. Esse é o papel do intermediário, como vimos nas comparações anteriores.

Voltemos ao nosso artista e à sua escultura.

Vamos supor que o material, submetido ao trabalho, tenha sido moldado pelos impulsos da mão que o amassou, e que a escultura está finalmente terminada.

O que, em suma, é essa escultura: a imagem física da ideia que o artista tinha em sua mente? A mão serviu como modeladora; por meio de seu trabalho, o material tomou forma, e isso é tão verdade que, se um acidente quebrar a escultura de argila, o artista sempre poderá encontrar a sua forma original que existe em seu cérebro, e poderá fazer uma nova escultura, uma imagem mais ou menos perfeita da ideia que lhe serviu como modelo.

No entanto, há uma maneira de evitar a perda da escultura depois de terminada, basta criar um molde dessa escultura. Com esse molde, obtemos um negativo da coisa a ser reproduzida, e assim o material que sair do molde sempre manifestará a forma original, sem que o artista jamais tenha de intervir novamente.

É suficiente, portanto, que haja apenas um negativo da ideia original para que uma infinidade de imagens positivas dessa ideia, sempre imagens idênticas entre si, surjam da ação desse negativo sobre a matéria.

Pois bem, toda forma orgânica ou inorgânica, que se manifesta para os nossos sentidos, é uma escultura de um grande artista chamado Criador, ou seja, ela vem a partir de um plano superior, que chamamos de plano da Criação.

Porém, nesse plano de criação primordial, há apenas ideias e princípios, assim como na mente do artista.

Entre esse plano superior e o nosso mundo físico visível, há um plano intermediário, que é responsável por receber as impressões do plano superior e realizá-las sobre o plano material, por meio da ação, do mesmo modo que a mão do artista é responsável por receber as impressões vindas do cérebro e aplicá-las no material a ser moldado.

O plano intermediário entre o princípio das coisas e as próprias coisas é chamado no ocultismo de plano astral.[31]

Não imagine, no entanto, que o plano astral está em uma região metafísica impossível de ser percebida, a não ser pelo raciocínio. Novamente, reforçamos que tudo está firmemente interligado

---

31 Ormuzd não produziu diretamente os seres materiais e espirituais que compõem o Universo; ele os produziu por meio da palavra, o Verbo Divino. (ZENDE-AVESTA).

na natureza, bem como no homem, e que até mesmo cada pequenina folha de grama carrega em si o seu plano astral e o seu plano divino. A necessidade de análise nos obriga a separar coisas que estão absolutamente relacionadas. Acabamos de determinar essa qualidade intermediária que há no plano astral; mas isso não é tudo.

Se entendemos essa comparação corretamente, agora é fácil ter uma ideia do que se entende no ocultismo por segunda propriedade do plano astral: a criação das formas.

Tudo é criado primeiro no mundo divino por princípio, isto é, pela força do ser, análoga à ideia no homem.

Esse princípio então passa para o plano astral e se manifesta lá como um "negativo". Isso quer dizer que tudo o que era inicialmente claro torna-se escuro e, reciprocamente, tudo o que era escuro torna-se luminoso; não é a imagem exata do princípio que se manifesta, mas sim o molde dessa imagem. Uma vez obtido o molde, a criação "no astral" está finalizada.[32]

---

[32] Abaixo do Verbo Divino, da inteligência ou da razão universal, que são preexistentes e presidem à formação das coisas, encontramos os *ferouers*, isto é, as formas divinas, os tipos imortais dos diversos seres. O fogo e os animais têm seus próprios *ferouers*, assim como o homem. Também as nações, as cidades, as províncias e os indivíduos os possuem. (ZENDE-AVESTA).

A partir daí começa a criação no plano físico, no mundo visível. A forma astral age sobre a matéria e dá origem à forma física, assim como o molde dá origem a essas esculturas. E o astral não pode mudar os seres que nascem, assim como o molde não pode alterar a imagem que ele reproduz. Para modificar a forma, é necessário criar um novo mundo, e isso Deus pode fazer diretamente, e o homem, indiretamente. Mas tudo a seu tempo.

Voltando ao nosso ponto de partida, notemos que, em última análise, a imagem física reproduz exatamente o princípio divino que lhe deu origem; sendo assim, o plano astral não tem outra opção a não ser replicar *ad infinitum*, sem a necessidade de recorrer ao artista primitivo, ao princípio, que é o ponto de partida da criação.

Entretanto, observe que a criação no plano físico, cuja gênese acabamos de descrever a partir do ocultismo, é mais detalhada do que nós falamos. A análise nos levaria a 22 (21 + 1) esferas de ação; o plano divino, o plano astral e o plano físico, na verdade, incluem, cada um deles, três esferas ativas, três esferas passivas e uma esfera de equilíbrio, ou seja, 3 vezes 7 esferas, mais a tônica universal, o que resulta 22. Mas o nosso estudo exige que sejamos claros, e a Tri-Unidade tem o mérito, ainda que muito geral, de ser o método mais claro de exposição. E isso é o suficiente por enquanto.

Para resumir o que acabamos de dizer sobre a segunda propriedade do plano astral, aconselhamos o leitor a verificar como funcionam as várias operações na técnica da fotografia, e então ele terá uma imagem muito fiel do que pode ser compreendido como a criação nos três mundos.

Na verdade, a paisagem a ser reproduzida é a imagem do princípio da Criação do mundo divino. Essa paisagem, depois de passar pela câmara escura, torna-se um negativo, uma imagem negativa da realidade, uma imagem em que as partes em branco ficam pretas e vice-versa.

Logo depois, uma nova série de manipulações permitirá ao fotógrafo extrair dessa imagem negativa toda uma série de cópias positivas, que reproduzem exatamente a paisagem original. Se acrescentarmos que a natureza reproduz cores, o que o fotógrafo ainda não faz,[33] teremos na imagem inicial uma amostra do mundo divino; na imagem negativa, uma amostra do mundo astral; e na amostra positiva, a imagem do mundo físico.

---

33 Em 1892, quando o livro foi publicado, já era possível se fazer fotos coloridas. A primeira fotografia em cor permanente foi feita em 1861 pelo físico James Clerk Maxwell, mas o primeiro filme colorido chegou ao mercado após 1907. (N.E.)

Os fluidos

Neste exato momento, você pode estar pensando: todas essas operações mencionadas não acontecem por conta própria. Elas precisam de alguns agentes, ao menos os dedos humanos, para fazer os moldes, as impressões fotográficas ou todas as coisas que você nos contou. Então, quais são os agentes do mundo astral?

Já que estamos falando sobre fotografia, vamos manter essa comparação para continuar o nosso estudo e para responder à pergunta anterior.

Devemos considerar duas ações principais: 1) a transformação da nossa paisagem em uma imagem negativa; e 2) a transformação da nossa imagem negativa em imagens positivas.

Lembremos, antes de tudo, as bases da nossa analogia: a paisagem a ser reproduzida é a imagem do princípio que emana do mundo divino, a imagem negativa representa a realização do princípio na física.

Aqui está a nossa paisagem à nossa frente e, por outro lado, está a placa sensível, preparada para receber a impressão. Isso é o suficiente para nós?

Claro que não, porque, se estivesse escuro, não conseguiríamos produzir a fotografia.

Entre a paisagem e a placa sensível, precisamos de um intermediário. E esse intermediário será, neste caso, um fluido imponderável: a luz.

Se condensarmos um pouco dessa luz em um lugar sem iluminação, uma câmara escura, e direcionarmos um feixe de luz para esse novo ambiente por meio de um pequeno orifício, chamado de objetiva, a nossa fotografia surgirá como uma imagem invertida da paisagem original.

No entanto, essa imagem é algo com potencial para existir, mas que ainda não existe. Para ela surgir, a luz natural é inútil, e até mesmo muito prejudicial. É necessária uma câmara escura ou, no máximo, iluminada por raios específicos, onde a fotografia é sujeita à ação de determinados fluidos físico-químicos. Sob essa influência, surge a imagem negativa da paisagem, que, depois desse processo, pode ser exposta à luz com segurança. E o nosso "molde" é criado.

É então que novamente nos voltamos ao fluido primitivo, àquela luz tão prejudicial no astral. Essa luz atuando sobre uma nova camada de substância sensível, colocada sob a nossa placa, se manifestará no plano real, e não mais negativa, a imagem real da nossa paisagem será estabilizada pela ação de alguns fluidos químicos.

Em resumo

Temos dois tipos de operação.

As operações feitas à plena luz e aquelas feitas na ausência da luz. Passando alternadamente de um modo para o outro é que as várias operações fotográficas acontecem.

Nas operações feitas à plena luz, é esse o fluido que atua; mas, nesse caso, nada é estável; as imagens obtidas são invisíveis ou são transitórias. Tudo está em potencial de existir, em princípio.

Então, novos fluidos vêm e agem ao abrigo dessa luz, fechados em laboratório e, imediatamente, aquilo que há pouco tinha potencial passa a ser realizado no negativo, e o positivo, que era transitório, torna-se permanente.

É, portanto, ao passar alternadamente dos fluidos do mundo divino (operação à plena luz) aos fluidos do mundo astral (operação em laboratório) que os seres físicos e as coisas são criados, se nossa comparação for correta. Por outro lado, os fluidos do mundo divino são criadores, ao passo que os do mundo astral são fixadores ou conservadores, uma consequência de nossa comparação, que corresponde exatamente aos ensinamentos do ocultismo.

Os agentes: elementais e elementares

Além dos fluidos já vistos, fluidos criadores, do arquétipo, e fluidos preservadores, do astral, há alguns agentes especiais que atuam sobre os fluidos.

Em nossa comparação anterior, os milhares de células que mantêm os movimentos e a vida dos dedos do fotógrafo representam os agentes de que estamos falando.

Já que tudo o que é visível é a manifestação e a realização de uma ideia invisível, o ocultismo ensina que há, na natureza, uma hierarquia de seres psíquicos, assim como no homem, que vai desde a célula óssea até a célula nervosa, passando pelas células sanguíneas, uma hierarquia real de elementos figurativos.

Os seres psíquicos, que habitam as regiões em que as forças físico-químicas agem, recebem o nome de elementais ou espíritos elementais. São análogos às células do sangue, especialmente aos leucócitos no homem. Os elementais operam nas camadas inferiores do plano astral em conexão imediata com o plano físico.

A questão sobre os elementais, se obedecem à boa ou à má vontade de quem os lidera, e portanto não são responsáveis por suas ações, apesar de serem inteligentes, tem levantado curiosas controvérsias nos últimos tempos. As citações de autores antigos, que damos a seguir, vão provar que o ocultismo há muito já conhece e ensina sobre a existência de entidades astrais.[34]

Além disso, basta lembrar que, em nosso plano físico, um animal considerado muito inteligente, o cão, desempenha o mesmo papel dos elementais. O cachorro de um ladrão não atacaria um homem honesto, sob o comando de seu dono, do mesmo modo o cachorro de um fazendeiro não atacaria o ladrão que tenta entrar na propriedade de seu dono? Em qualquer dos casos, o cão não sabe se está lidando com uma pessoa honesta ou com um bandido; ele não é responsável por suas ações e se contenta em obedecer a seu dono, que é totalmente responsável pela ação do animal. Esse é o papel dos elementais no plano astral.[35]

---

34 Posso deixar muitas pessoas revoltadas contra mim, se eu disser que existem criaturas nos quatro elementos que não são nem animais nem humanos puros, embora elas tenham uma aparência específica e também algum raciocínio, sem ter uma alma totalmente racional. Paracelso fala tão claramente disso quanto Porfírio. Afirma-se que essas criaturas extraordinárias são de natureza espiritual; mas não de uma espiritualidade que exclui totalmente a matéria; uma espiritualidade que admite como fundamento um tipo de matéria muito sutil e tão imperceptível quanto o ar. Grimório do século XVI (Petit Albert, p. 99 e 128).

35 Eles habitam em um lugar perto da terra; na verdade, eles são das entranhas da terra; não há maldade que não tenham a audácia de levar até o fim; possuem um humor violento e insolente, e isso os torna frequentemente engenhosos e propensos a criar armadilhas violentas e repentinas, e, quando saem, em geral ficam parte do tempo escondidos, e noutra parte praticam traquinagens; além disso, gostam muito de lugares onde há injustiça e discórdia. PORFÍRIO (século III).

Controlar os elementais é algo que só pode ser comparado à ação da disciplina militar. O oficial do exército consegue reunir em torno de si os outros subordinados, seja por meio de dedicação, seja pelo medo dos seres conscientes e responsáveis que lá estão; alguns aceitam servir por livre vontade ao líder, outros são forçados a isso. Esse tipo de ação é muito mais difícil do que a ação no cão. O mesmo ocorre no astral, onde os elementais obedecem apenas por dedicação ou medo, mas sempre são livres para resistir à vontade de um necromante.

Os elementais estão circulando quase continuamente em fluidos astrais. Além dessas entidades, ainda há outras, na opinião de todos os videntes. Essas são as inteligências orientadoras, formadas pelos espíritos de homens que passaram por uma evolução considerável. Esses seres, análogos às células nervosas do sistema simpático humano, receberam diversos nomes em todas as cosmogonias dos antigos. Somente indicamos sua existência.

Também encontramos, de acordo com o ensino da Cabala, no plano astral, algumas entidades dotadas de consciência, que são os restos mortais de homens que acabam de falecer, e cuja alma ainda não passou por todas as fases de evolução. Essas entidades correspondem, por sua vez, aos "espíritos", como os espíritas os chamam, e que o ocultismo chama de "elementares".[36]

Os elementares são, portanto, entidades humanas evoluídas, enquanto os elementais ainda não passaram pela humanidade, o que é um ponto muito importante para ser lembrado.[37]

A imagem astral

A teoria das "imagens astrais" é uma das mais peculiares entre as expostas pelo ocultismo, e serve para explicar os fenômenos mais estranhos; por isso, será muito útil resumi-la da melhor forma possível.

Voltando ao nosso exemplo sobre o artista e a escultura, vimos que uma das funções do "plano astral" é preservar as amostras das formas físicas e reproduzi-las, como o molde preserva e reproduz as formas da escultura.

---

36 Quando há uma razão sólida para acreditar que os espíritos dos homens falecidos guardam os tesouros, é bom ter velas abençoadas em vez de velas comuns. Grimório do século XVI (Petit Albert).

37 A reintegração será universal; renovará a natureza e acabará purificando o próprio princípio do mal. No entanto, para esse trabalho, os seres inferiores precisam da assistência daqueles espíritos que povoam o mundo entre o céu e a terra. Devem, portanto, entrar em contato com eles; estabelecer comunicações cada vez mais superiores, até que alcancem os mais poderosos. MARTINEZ DE PASQUALI (século XVIII).

Essa propriedade vem do fato de que o plano astral pode ser considerado como um espelho do mundo divino, que reproduz em negativo as ideias básicas, origem das futuras formas físicas.

O ocultismo, no entanto, ensina que, como todas as coisas e todos os seres projetam uma sombra no plano físico, do mesmo modo tudo projeta um reflexo no plano astral.

Quando algo ou um ser desaparece, seu reflexo no astral persiste e reproduz sua imagem, exatamente como aquela imagem estava no momento preciso do desaparecimento. Cada homem, portanto, deixa "no astral" um reflexo, uma imagem característica. Com a morte, o ser humano passa por uma mudança de estado, caracterizada pela destruição da coesão que mantinha unidos princípios de origem e de tendência muito diferentes.

O corpo físico, ou invólucro carnal, retorna à terra, ao mundo físico de onde veio.

O corpo astral e o psíquico, iluminados pela memória, pela inteligência e pela vontade das lembranças e das ações terrenas, passam para o plano astral, especialmente em suas regiões mais altas, onde constituem um elementar, ou um "espírito".

A soma das mais nobres aspirações do ser humano, libertado da memória das coisas terrenas tanto quanto o sonâmbulo é libertado da memória no estado de vigília, em uma palavra, o ideal que o ser humano criou para si mesmo durante a vida, torna-se uma entidade dinâmica que nada tem a ver com a personalidade atual daquele indivíduo, e passa para o mundo divino.

É esse ideal mais ou menos elevado que será a fonte das existências futuras e que determinará o seu caráter.

É relacionando-se com as "imagens astrais" que o vidente descobre a história de civilizações perdidas e de seres desaparecidos. Uma descoberta muito recente, chamada de psicometria, veio mostrar que essas afirmações sobre o oculto, que poderíamos tomar por metafísica pura, correspondem a realidades absolutas.

Vamos supor que o seu reflexo em um espelho pudesse persistir por um instante, depois de você ter saído da frente dele, mantendo a sua cor, as suas expressões e toda a sua aparência da realidade, e você terá uma ideia do que se entende por "imagem astral de um ser humano".

Os antigos estavam perfeitamente familiarizados com esses dados e chamavam: *sombra*, a imagem astral que evoluiu nas regiões inferiores do plano astral; *mâne*, a entidade pessoal, a personalidade que evoluiu nas regiões superiores do astral e, finalmente, *espírito* propriamente dito, que é o ideal superior do ser.

Que os incrédulos, ou aqueles que imaginam que o ocultismo é uma invenção moderna, ouçam Ovídio.[38] Ao evocar uma pessoa falecida, devemos ter cuidado se estamos lidando com sua "imagem astral" ou com a sua personalidade real.

No primeiro caso, o ser mencionado se comportará como um reflexo em um espelho. Ele será visível, poderá fazer gestos, e pode até ser fotografado, mas ele não falará. Esse é o fantasma de Banquo, na peça *Macbeth*, o fantasma que podia ser visto apenas pelo rei, e que não falava nenhuma palavra.

Shakespeare conhecia bem os ensinamentos do ocultismo.

No segundo caso, o ser evocado vai se expressar, e vários mortais poderão vê-lo ao mesmo tempo. É o caso do fantasma posto em ação por Shakespeare em *Hamlet*.

Os fenômenos espíritas chamados de "materialização" foram conhecidos em todos os tempos. Agrippa, no século XVI, oferece uma teoria completa, de acordo com o ocultismo, dentro da filosofia oculta. Se acaso o século XVI parecer ainda muito próximo para você, leia com todos os deta-

---

[38] Há quatro coisas a se considerar no homem: os *mânes*, a carne, o espírito e a sombra; essas quatro coisas são colocadas, cada uma em seu lugar, a terra cobre a *carne*, a *sombra* flutua ao redor da tumba, os *mânes* estão no inferno e o *espírito* voa na direção do céu. (OVÍDIO).

lhes uma evocação do ocultismo que aparece em Homero, na *Odisseia*, canto XI, em que a imagem astral é chamada de Ειδωλον.[39,40]

Em resumo

O plano astral, intermediário entre o plano físico e o mundo divino, contém:

1. Entidades orientadoras que presidem o andamento de tudo o que evolui no plano astral. Essas entidades psíquicas são constituídas pelos homens superiores e por humanos ancestrais, desenvolvidos por sua própria iniciativa. (os espíritos superiores da Cabala).

---

39 Ídolo, em grego (N.T.)
40 Veja, a título de curiosidade, a descrição de uma conversa realizada por meio de "pequenas pancadas", em 1528: "alguns dias depois, Antonieta ouviu algo ao seu redor, no silêncio, e, como seus pés não estavam batendo, percebia-se que algo estava dando pequenas pancadas com um bastão debaixo de uma telha ou talvez de um degrau. E, com certeza, parecia que este som produzido atingia as profundezas da terra; mas ele ressoava aproximadamente a quatro dedos dentro da terra, sempre abaixo dos pés da citada freira. 'Eu já ouvi isso muitas vezes; o ser, ao responder para mim, dava tantas pancadas quanto o necessário, conforme eu pedia'". ADRIEN DE MONTALEMBERT (1528). A partir daí, segue toda uma conversa entre a alma do morto e as freiras, comunicação obtida inteiramente por meio de pancadas.

2. Fluidos especiais formados a partir de uma substância semelhante à eletricidade, mas dotada de propriedades psíquicas: a luz astral.
3. Nesses fluidos circulam vários seres, passíveis de serem influenciados pela vontade humana: os elementais.
4. Além desses princípios do plano astral, encontraremos as formas do futuro prontas para se manifestar no plano físico, formas constituídas pelo reflexo negativo das ideias criativas do mundo divino.
5. As "imagens astrais" dos seres e das coisas, o reflexo negativo do plano físico.
6. Os fluidos que emanam da vontade humana ou do mundo divino e que operam no astral.
7. Os corpos astrais dos seres sobrecarregados de materialidade (os suicidas), dos seres em processo de evolução (os elementares) e de entidades humanas que cruzam o astral, seja para encarnar (nascimento) ou depois de terem desencarnado (morte). Também podem ser encontrados lá os corpos astrais de adeptos ou de magos em período de experimentação.

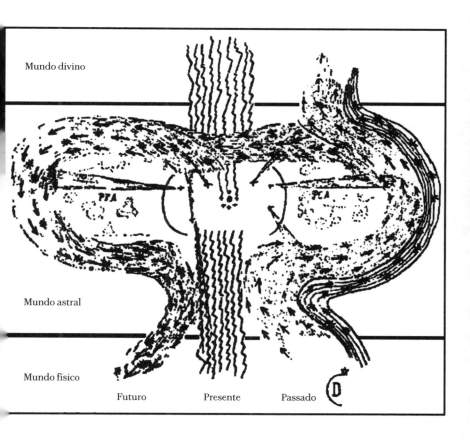

A evolução e a involução
(a reencarnação)

Os fluidos que circulam no organismo do homem seguem seu curso em várias direções determinadas.

Essas orientações são estabelecidas de acordo com a respectiva situação e a função dos principais centros de ação desses fluidos.

Chamamos de *evolução* o curso seguido por um fluido para subir de um centro inferior, como o ventre, para um centro superior, como o peito.

Por outro lado, chamamos de *involução* o curso seguido por um fluido para descer de um centro superior, como a cabeça, para um centro inferior, como o peito.

Há, portanto, nos seres humanos, uma evolução e uma involução, e falaremos um pouco mais a respeito desse assunto.

Cada centro (cabeça, peito ou ventre) é provido com órgãos que recebem vários fluxos de fluidos. Em cada centro, há primeiro uma corrente que vem de fora e que retorna depois de passar por um determinado centro (alimento para o ventre, ar para o peito, sensações para a cabeça).

Após isso, existe uma corrente fluídica que vem de um centro inferior, ou seja, que evoluiu (quilo em direção ao peito, e sangue em direção à cabeça).

O resultado da ação de um centro dependerá, portanto, destes três fatores:

1. da qualidade do órgão receptor ou transformador,
2. da qualidade da corrente que vem de fora, e
3. da qualidade da corrente que evolui.

Desse modo, a qualidade material e dinâmica do sangue está totalmente ligada à qualidade dos órgãos receptores (os pulmões), por um lado; à qualidade do quilo, por outro; e, finalmente, à qualidade do ar inspirado.

Os defensores da doutrina da evolução, considerada no seu aspecto analítico, prendem-se à observação de que, na natureza (e se poderia acrescentar no homem), vemos uma progressão de formas e de forças dos planos inferiores na direção dos planos superiores. Mas qual é a causa desse progresso e por que essa transformação é produzida? A resposta a essa pergunta é relegada ao chamado mundo *incognoscível*, porém, com um pouco mais de atenção, conseguimos vislumbrar essa solução.

Por exemplo, imaginemos um pedaço de alimento dentro dos órgãos digestivos. Será assimilável apenas quando tiver passado por uma evolução particular, que o transforma em matéria orgânica humana, ou seja, em quilo.

O positivista se contentaria em observar essa evolução, atribuindo-a ao progresso fatal do organismo, que segue seu rumo, não indo além em sua análise.

Agora perguntamos, qual é a causa interna do funcionamento dos órgãos digestivos? Não é o fluxo do sangue, por um lado, e o fluxo da força nervosa motriz, por outro?

Essas duas correntes vêm dos centros superiores; a primeira vem do peito, a segunda vem da cabeça. Portanto, é somente porque houve antes uma involução dupla de forças superiores que atuaram no órgão digestivo, que a evolução do alimento em quilo foi possível. Podemos reduzir esses fatos na seguinte lei:

Toda evolução é precedida por uma involução.

O que acontece no microcosmo também ocorre no macrocosmo, e a chave para a evolução natural não está em perceber mudanças de forma, mas sim na busca das forças involutivas que geram essas mudanças de forma.

A reencarnação

O espírito imortal do homem paga em uma existência pelos erros que cometeu na existência anterior.

Durante a vida terrena, criamos o nosso destino futuro.

Quando o corpo material morre, o espírito passa de um estado inferior para outro superior: ele *evolui*. Ao contrário, quando ocorre o nascimento em um novo corpo, o espírito passa de um estado superior para um estado inferior: ele *involui*.

No entanto, apesar dessa série de evoluções e involuções, os universos físico, astral e psíquico continuam sua marcha no tempo e no espaço, e esses movimentos ascendentes e descendentes pelos quais o espírito passa são apenas perceptíveis para ele mesmo, e não têm nenhum efeito no progresso geral do Universo.

Isso é demonstrado pelo exemplo do navio (Universo), que segue em frente, sem levar em conta as subidas ou descidas que os passageiros são obrigados a fazer, do convés até as cabines das diversas classes da embarcação. A liberdade dos passageiros é total, embora ela seja limitada pela marcha adiante do navio, que transporta todos.

Durante a série de evoluções (mortes) e involuções (nascimentos) que o espírito imortal sofre, o ser passa por várias classes sociais, dependendo de sua conduta em existências anteriores.[41]

Entre as reencarnações, o espírito imortal goza de um estado de bem-aventurança, correspondente ao ideal que ele criou para si mesmo durante a sua encarnação.

Um homem rico que abusou de sua riqueza, assim como um homem poderoso que abusou de seu poder, reencarnam no corpo de um homem que terá de lutar a maior parte de sua vida contra várias adversidades.

Essas adversidades não procedem de Deus, mas do uso que o espírito imortal faz de sua vontade em existências anteriores. Mas, durante a encarnação atual, o espírito poderá, por meio da paciência nas provações e da persistência na luta, reconquistar parcialmente o lugar que havia perdido.[42]

O progresso, portanto, existe para o plano geral do Universo e, consequentemente, ele existe

---

[41] O homem deve conhecer a fonte dos infortúnios que ele necessariamente experimenta; e, longe de acusar a Providência, que concede o bem e o mal segundo o mérito e as ações anteriores, ele só se recuperará se sofrer a consequência inevitável de suas faltas passadas. Porque Pitágoras admitiu haver várias existências sucessivas e sustentou que o presente que nos atinge e o futuro que nos ameaça são apenas a expressão e o reflexo do passado, que é fruto de nosso trabalho em tempos anteriores. HIÉROCLES (século V).

[42] O poder inevitável das leis de Deus, que nos séculos seguintes faz com que tudo o que pertença ao espírito, de acordo com a maneira como viveu e os méritos de sua vida passada, retorne a ele, de modo que aquele que reinou injustamente durante uma vida anterior recai na outra vida na condição de escravidão. AGRIPPA (século XVI).

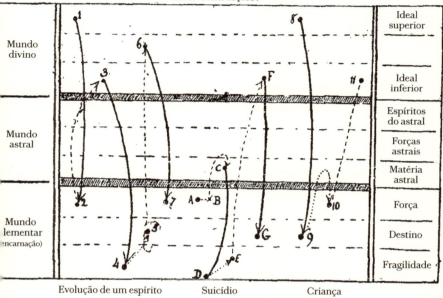

também para cada ser particular, de modo indireto. Porém, de modo direto, todo ser é suscetível de subir ou descer na escala social, seja durante sua vida ou durante a reencarnação.

Explicação sobre a figura

1. O espírito está no mundo divino (estado de bem-aventurança).
1-2. Involução do espírito à encarnação.
2. Encarnação no corpo de um homem rico e poderoso. O destino produzido por esse homem durante sua vida é terrível.
3. Evolução do espírito para o mundo divino. Realização do ideal inferior foi criada durante a sua vida.
4. Reencarnação do espírito no corpo de um homem dominado por adversidades: consequência da vida anterior.
4-5. Durante a sua encarnação, o espírito reconquista uma posição social superior àquela que estava destinada a ele no início.
6. Evolução em direção ao mundo divino. Realização do ideal criado por meio do sofrimento.
7. Nova reencarnação em um meio social mais elevado.

O suicídio[43]

A. Um homem pertencente a uma classe social elevada comete suicídio (B).
B-C. Seu espírito evolui apenas no astral, e é vítima da ação dos elementais.
D. Reencarnação quase imediata em uma classe social inferior – geralmente em um corpo aleijado ou deformado.
E. Evolução relativa ao longo da vida. Resignação ao sofrimento.
F. Evolução do espírito no mundo divino.
G. Reencarnação em uma classe social bastante elevada.

A morte prematura

8. Partida do espírito em direção à encarnação.
9. Encarnação. O corpo não permite que o espírito complete sua missão. A criança morre no início da infância.
10. Reencarnação imediata após uma curta passagem pelo plano astral (uma classe

---

[43] Em caso de suicídio, a alma permanece por algum tempo apegada a uma espécie de fantasma da *imagem vazia* do corpo que ela queria deixar. PORFÍRIO (século III).

social superior recompensa o espírito pelos primeiros sofrimentos comprovados).
11. Evolução em direção ao mundo divino.

A prática

A ciência oculta ensinada nos antigos santuários foi dividida em quatro grupos principais.

O estudo e o manejo de seres e forças elementares, ou *alquimia*.

O estudo e o manejo de forças astrais, ou *magia*.

O estudo e o manejo de forças ocultas no homem, na *psicurgia*.

Finalmente, o estudo de forças celestiais e suas relações, ou *teurgia*.

Cada um desses grupos incluía subdivisões especiais.

Atualmente, fragmentos dessas lições práticas foram encontrados e são implementados por leigos sob os nomes de magnetismo, hipnotismo, espiritismo, telepsiquismo, telepatia, psicometria e magia. No entanto, revisaremos os relatórios desses estudos modernos com a ajuda dos ensinamentos do ocultismo.

O homem, por um treinamento especial da respiração, pode acumular em si o dinamismo nervoso.

Por meio da oração, ele espiritualiza essa força acumulada pela palavra e a concretiza em si e, por meio da ação e da vontade, consegue dirigi-la para fora de si mesmo.[44]

A turbulência nervosa determinada por essa série de treinamentos produz um estado especial, no qual parte do corpo astral se exterioriza e pode atuar à distância.

Essa ação descrita anteriormente é consciente e corresponde ao faquirismo dos hindus ou à magia dos antigos.

Entretanto, na maioria dos casos atuais, essa ação é semiconsciente (segundo as experiências de Horace Pelletier) ou completamente inconsciente (experiências de médiuns) e alguns objetos podem até mesmo ser movidos remotamente e sem contato sob essa influência.

Esses fenômenos são semelhantes ao do ímã agindo à distância e sem contato, mesmo por meio de certas substâncias materiais, sobre os objetos de metal; mas, aqui, o ímã é substituído por um ser humano, e o corpo astral atua como um modificador do campo magnético.

Os fenômenos do magnetismo moderno são produzidos pela ação do corpo astral (fluido) de

---

[44] A alma purificada pela oração cai sobre os corpos como um raio; afasta a escuridão que os envolve e os penetra profundamente. PARACELSO (século XVI).

um ser humano na direção do corpo físico ou do corpo astral de outro.

Esse poder de ação foi descrito no século XVI por Agrippa, em seu capítulo sobre a magia.[45]

É, novamente, à possibilidade do corpo astral se exteriorizar, que as ideias dos antigos sobre encantamentos e ação à distância estão relacionadas, noção recentemente confirmada por meio de experimentos de sugestão hipnótica, telepsiquismo e pelas últimas obras de M. de Rochas (*Initiation*, abril de 1892).

A psicurgia estudou a evocação das almas e sua ação no microcosmo.

A evocação pode estar relacionada a *"imagens astrais"* ou aos *elementares*.

---

45 Magia é um encantamento ou um feitiço que, a partir da mente do mago, passa dos olhos do enfeitiçado para o seu coração; o sortilégio é um instrumento do espírito. Um vapor puro, brilhante e sutil, proveniente do sangue mais puro, que é gerado pelo calor do coração, retorna continuamente pelos olhos como raios que lhe são semelhantes, e esses raios carregam consigo um tipo de vapor; no caso do encantamento, esse vapor carrega sangue corrompido, contaminado, como vemos nos olhos irritados e vermelhos. Esse sangue penetra como um raio nos olhos de quem olhar, atraindo esse vapor, isso faz com que a pessoa enfeitiçada contraia uma doença. Em outras palavras, o olho do mago, que está relaxado ou aberto, e que lança seus raios sobre alguém com forte imaginação, faz com que essa pessoa siga a ponta desses raios, que são instrumentos do espírito do mago. Esses raios batem nos olhos do enfeitiçado, e são animados pelas batidas de seu coração. Dos olhos, eles penetram o coração, e o mago se torna o senhor dele, como uma pátria que lhe pertence. Nesse momento, esse espírito intruso fere seu coração e o infecta. AGRIPPA (século XVI).

No primeiro caso, o treinamento especial colocava o evocador em um estado de sonambulismo semiconsciente, ou seja, abria a seus olhos o mundo astral, respeitando o resto de seu organismo (*quase todos o fenômenos modernos de telepatia se enquadram neste caso*).

No segundo caso, o evocador era isolado eletricamente (por suas roupas e pelo solo) e psiquicamente (por um círculo) do mundo astral, e os seres eram atraídos por meio da evocação mental auxiliada por substâncias capazes de aumentar o dinamismo dos seres evocados.[46]

No caso, a alma evocada estava envolta por um fluido astral (envolta por um pequeno corpo etéreo, segundo os antigos) que lhe permitiu ficar visível e assim se materializar.

A substância desses fluidos, que circundam o ser evocado, tem muita analogia com a eletricidade. Daí o uso de pontas de metal nesse tipo de evocação.

Hoje, o empirismo mais completo substituiu esses ritos do ocultismo, com base em um conhecimento mais aprofundado do assunto.

As sessões de materializações espíritas são muito raras, não podem ser produzidas à vontade

---

46 Essa imagem da alma às vezes assume um corpo etéreo, e é coberta com uma sombra que, envolvendo-se nele, às vezes dá conselhos aos amigos, outras vezes trabalha contra seus inimigos; porque as paixões, as lembranças e as sensações ficam com a alma depois que esta já está separada do corpo. AGRIPPA (século XVI).

e, na maioria das vezes, são as entidades astrais que dirigem os fenômenos, que se tornam realidade.

Outro procedimento de evocação envolve a substituição da personalidade de uma pessoa treinada pela personalidade evocada.

Daí as *sibilas* da Antiguidade, cuja "fúria" correspondia às nossas atuais manifestações de crise histérica, daí também os médiuns de incorporação, sujeitos sonâmbulos que passaram por um treinamento especial.

O ocultismo sempre ensinou que há a possibilidade de entidades astrais usarem seres humanos para as suas comunicações.[47]

A evocação de "imagens astrais", cuja existência há muito foi afirmada pelo ocultismo, acaba de ser trazida à luz experimentalmente, ao mundo secular, por meio da descoberta da *psicometria*.[48]

---

[47] Também se diz que o humor melancólico é tão imperioso que, por seu fogo, sua violência e sua impetuosidade, ele traz espíritos celestiais aos corpos humanos, pela presença, pelo instinto ou inspiração de que todos os antigos tanto falavam; muitos homens foram transportados e disseram várias coisas admiráveis. Então, eles dizem que a alma é impelida pelo humor melancólico e que nada a detém, e que, uma vez tendo quebrado o freio e os elos dos membros de seu corpo, ela é toda transportada na imaginação e também se torna a morada de demônios inferiores, com os quais ela frequentemente aprende comportamentos maravilhosos e artes manuais; é assim que vemos um homem forte, ignorante e muito rude, de repente se tornar um pintor habilidoso, ou um arquiteto famoso, ou um mestre habilidoso em alguma outra arte. AGRIPPA (século XVI).

[48] Um capítulo inteiro do livro *Le Crocodile*, de Saint-Martin, é dedicado à descrição dessas imagens astrais.

Várias experiências vividas diante de nossos olhos em Paris foram capazes de nos convencer da realidade dos fatos observados tanto na América quanto na Alemanha.

Para resumir:

Quase todos esses fenômenos de movimentação de objetos sem contato, de aparecimento de pessoas falecidas, de materialização ou de incorporação, de telepsiquismo e de telepatia se relacionam com a velha arte da psicurgia. Eles são baseados no fato de que dispositivos físicos, geradores das forças estudadas até agora, são substituídos por um ser humano que sofreu certo choque nervoso, ou seja, pelo chamado aparelho psíquico, que é gerador de forças ainda não definidas.

Por causa das condições tão difíceis de experimentação, por causa das fraudes, mentiras, da vaidade de médiuns e seus seguidores. Mas, novamente, não há nada de sobrenatural em tudo isso, nada além do "natural" de uma ordem superior ao que conhecemos, somente isso.

Em algumas aldeias, ainda há "feiticeiros" que produzem fenômenos sérios. O feiticeiro guardou alguns resquícios das antigas práticas do ocultismo e, servido pelo desejo exercido na solidão, ele consegue lidar com os fluidos magnéticos e psíquicos com suficiente poder.

O feiticeiro é para o ocultista o que o operário é para o engenheiro.

O operário sabe fazer a "sua parte" de acordo com as regras que aprendeu na oficina; mas ele não conhece as discussões matemáticas nem teóricas em relação às curvas que seu torno produz.

Por outro lado, o engenheiro é capaz de estabelecer as regras que devem nortear o operário, ficando muito embaraçado se tivesse de fazer e ajustar ele mesmo uma peça completa.

Assim, o feiticeiro, de certo modo, produz os fenômenos do ocultismo mecanicamente, cujo propósito e teoria o ocultista conhece bem.[49]

O ocultismo prático, do qual há alguns representantes na África e na Índia, é semelhante ao engenheiro, que conhece na prática vários ofícios e faz deles um aprendizado sério.

Vemos também a inutilidade daqueles que se autodenominam "magos" ou "hierofantes" e que, atualmente, são incapazes de produzir fenômenos psíquicos de última ordem.

Esse fato nos leva a dizer algumas palavras com relação às operações práticas do ocultismo.

Como regra geral, o princípio orientador em qualquer operação é a vontade humana, o meio

---

[49] Sobre este assunto, veja a importante e erudita obra de Stanislas de Guaita *Le serpent de la Genèse*. É, sem dúvida, o mais belo estudo contemporâneo sobre magia e história do diabo.

de ação, a ferramenta empregada é o fluido astral humano ou natural, e o objetivo a ser alcançado é a realização (geralmente no plano físico) da operação engendrada.

As cerimônias, as dificuldades acumuladas pelo ritual e os símbolos constituem os métodos mais básicos de treinamento da vontade humana.

A higiene física (alimentação, vegetarianismo, jejum), anímica (o ritmo respiratório) e psíquica (espiritualização das sensações) destinam-se ao treinamento do corpo astral (assim como os aromas).

Por outro lado, o uso da espada, da taça, do cetro, do círculo e dos talismãs, bem como as palavras proferidas em alto e bom som, são destinados à ação da natureza e dos seres que habitam o plano astral.

O problema da magia consiste em se obter conscientemente, e sem um médium, todos os fenômenos alcançados pelos espíritas modernos em suas sessões secretas, entre outros.

Uma parte do corpo astral do operador[50] deve ser projetada para fora e encontra apoio nas substâncias preparadas com antecedência para esse propósito. E o operador nunca deve estar ciente, caso contrário, não teremos mais um ocultismo praticante, mas um indivíduo, ou médium, incons-

---

50 Operador é o termo usado pelo autor para designar aquele que faz operações ocultista ou tem conhecimento de magia. (N.E)

ciente. Esse resultado da ação consciente sobre o astral é obtido com frequência na Índia. O uso de objetos magnéticos facilita muito os trabalhos de magia, permitindo que a pessoa, cujo corpo astral estava sendo usado, seja dispensada da prática, permitindo que fenômenos muito importantes sejam obtidos; isso é o que constatamos por nós mesmos.

A reunião de discípulos sérios é, de fato, muito importante, e isso é particularmente temido por um determinado autor contemporâneo, um grande artista, mas um homem carente de ciência que, em uma espécie de "catecismo do mago", incita seus seguidores a serem egoístas, solitários e orgulhosos. Um estudante de ocultismo que está trabalhando há apenas um ano já consegue entender suficientemente a razão por trás de tais exortações, e isso nos dispensa de insistir no assunto.

Em suma, o ocultismo prático requer uma série de esforços muito sérios, baseados em um conhecimento bastante profundo das forças ocultas da natureza e do homem, e merece a atenção de todo pesquisador conscencioso.

E, quanto mais estudamos, mais podemos perceber que não há nada ali que se oponha aos ensinamentos positivistas do magnetismo, da eletricidade e da inteligência animal, os geradores dessas forças são seres vivos, e não máquinas ou dispositivos físicos; temos, então, novas propriedades e novos métodos experimentais; mas, novamente repetimos, nada disso é sobrenatural, porque o sobrenatural não existe.[51]

O mago que recolhe plantas na montanha à meia-noite, pronunciando palavras e gestos estranhos, não é mais insano que a locomotiva que corre sobre os trilhos da ferrovia. A locomotiva é uma máquina que gera forças físicas, ao passo que o mago é outra máquina geradora, agora consciente, de forças psíquicas, e que pratica sua arte. Quando reduzimos o problema a esses limites estreitos, as experiências espíritas podem se tornar a base de um verdadeiro ensino científico. Os místicos podem ser derrotados aí; mas a ciência triunfará.

Mais uma vez, todas essas práticas, tão estranhas e tão novas para nós, eram já bem conhecidas desde a Antiguidade.

Nos mistérios, foi ensinado que o homem que aplicava as práticas psicúrgicas, e que atingiu o êxtase, bebeu da fonte direta de todo o conhecimento.[52]

Elevando-se ao plano astral em frenesi (o que chamamos de transe hoje), o ser tornou-se capaz

---

[51] Desta forma, tudo o que o espírito de um homem que ama sinceramente pensa é eficaz para o amor; e tudo o que a mente de um homem que odeia intensamente pensa é eficaz para prejudicar e para destruir. AGRIPPA (século XVI).

[52] O conhecimento por excelência ocorre sem o auxílio da inteligência e por meio do êxtase, que é análogo à visão que você experimenta durante o sono. PORFÍRIO (século III).

de exercer os poderes de um profeta. Esse dom da profecia só foi desenvolvido após práticas longas e muito sérias.

Tudo isso está perdido, ou quase, para os nossos contemporâneos do Ocidente.[53]

---

53 A profecia é um estado de perfeição que a Providência não concede a todos homens, mas que só pode existir com base em certas faculdades e certas condições naturais, algumas físicas, outras morais, outras intelectuais. Na vanguarda dessas condições está a imaginação; pois só ela pode explicar as visões, os sonhos proféticos, que muitas vezes são bizarros e chocantes para nós nos relatos dos profetas. À imaginação deve ser associada uma razão rápida e habilidosa que possa apreender as coisas num relance e passar de uma para outra, sem se dar conta de seu progresso. Existe, de fato, em cada um de nós, certa capacidade de julgar o futuro pelo presente, e que está mudando por meio do exercício da verdadeira intuição: essa faculdade, levada à sua perfeição, torna-se parte da profecia. Mas ela não serve somente para se ver rapidamente coisas distantes pela mente, como se faria com os olhos; deve-se ainda ter o desejo de tornar o fato conhecido para os outros, no caso de ser útil para eles, além da coragem de anunciá-lo diante até mesmo da morte; em uma palavra, a personagem deve estar no mesmo nível de inteligência. Finalmente, a primeira condição que o profeta deve cumprir é que, tanto o seu temperamento quanto a sua constituição física não criem nenhum obstáculo a essa nobre ascensão da alma; porque há uma relação íntima entre algumas faculdades da mente e certos órgãos do corpo, especialmente entre a imaginação e o cérebro. MAIMÔNIDE (século XII). (Parte 2, capítulos XXXVI a XLVIII).

3

As aplicações práticas do ocultismo

Depois de ter visto tudo isso, certamente o leitor vai pensar: "Acabo de ser exposto a um sistema mais ou menos engenhoso, e com elementos tão estranhos ao positivismo contemporâneo, que tudo me parece muito metafísico". As referências, retiradas de autores que viveram em tempos muito distantes, nos mostram que esse sistema é, de modo geral, muito antigo e que a humanidade, cansada do alimento substancial da ciência, volta-se aos doces da filosofia, em todo *fin de siècle*.

O leitor estaria absolutamente certo se o nosso objetivo fosse parar por aí e substituir o pessimismo, que invadiu toda uma geração anterior, pelo misticismo filosófico. Mas, em nossa opinião, o misticismo é tão perigoso quanto o materialismo, e os estudos científicos sempre serão o refúgio das mentes inquietas ou desanimadas.

Entretanto, tudo tem de ser refeito nos métodos de exposição científica. A multiplicidade de detalhes e a ausência de uma síntese geral oprimem as mentes mais eminentes, e a especialização é imposta a todos desde muito cedo.

Agora, se dissermos a todos os jovens, ansiosos por um bom trabalho e por novidades: "Voltem-se sem medo para esse passado que foi desfigurado; procurem o método que permitiu ao Egito ser a base da civilização intelectual da Grécia, procurem esse ensino na filosofia profunda dos alquimistas", essa não é uma tentativa de impor a seus esforços o conhecimento de uma velha ciência arqueológica e mumificada.

Claro que não. É, na verdade, a esperança de que, por meio desse estudo, eles encontrem uma chave universal para as ciências do futuro, na certeza de que, de antemão, eles saberão como evitar o grande perigo de todas as reações espiritualistas: o clericalismo. E digamos a eles:

"O materialismo está morrendo tanto na ciência como na arte; vocês sentem que novas aspirações têm surgido dentro de vocês e, guiados pelas ideias de sua infância, vocês precisam de ideais. Tomem cuidado, porque o clericalismo está de olho em vocês. Ele falará sobre esta nobre figura que é Jesus de Nazaré, sobre a grandeza da fé e dos prazeres místicos do amor divino; irá inspirá-los a seguir a carreira determinada por ele e cobrirá a sua mente com aquela mesma cor escura que cobre o corpo de seus sacerdotes."

"Se o ensinamento clerical não levasse a mente humana ao sectarismo, por querer impor esse erro grosseiro de que apenas uma religião é capaz de salvar a humanidade, se esse ensino não incitasse à guerra por questões de fé, à guerra religiosa, que era desconhecida de toda a chamada Antiguidade pagã e de todo o Oriente, – eu diria a você, primeiramente: vá encontrar o seu ideal lá. Mas, em plena consciência, não posso, porque você seria enganado."

Não há religião superior à verdade, dizem os marajás de Benares, e a primeira característica da verdade é ser agregadora, e não sectária: – Vá, portanto, sem medo em direção à ciência, e tome sempre como lema: Nem Voltaire nem Inácio de Loyola.[54]

A ciência provavelmente os tornará materialistas primeiro; mas os armará contra as investidas futuras de todo o clero, dos fariseus modernos de todos os países. Vocês serão os primeiros a querer sair da miopia intelectual que o positivismo impõe a seus adeptos; então, não hesitem mais: estudem os ensinamentos do passado, e assim terão a sua própria fé por meio da razão e da ciência.

O ocultismo não vale pelo seu caráter arqueológico nem pelo estudo que faz sobre os estranhos

---

54 Voltaire representa o ceticismo; Inácio de Loyola, fundador da Companhia de Jesus, criador da Ordem dos Jesuítas, o extremismo religioso. (N.T.)

fenômenos produzidos hoje. Não se constrói uma doutrina científica sobre uma pedra velha, nem mesmo sobre a fé de um sectário histérico. O ocultismo só é válido por suas aplicações.

Isso ocorre porque os que estudam as ciências ocultas podem trazer novos métodos tanto para o artista quanto para o cientista, o político, e também o filósofo, mostrando que o ocultismo pode ser estudado por homens sérios. São suas aplicações futuras que permitirão defendê-lo fortemente nesses nossos tempos de razão.

Nesta última parte da nossa conversa, queremos discutir muito brevemente as aplicações da ciência oculta em alguns dos problemas científicos e filosóficos contemporâneos. Terminaremos mostrando o estado atual do movimento provocado na França pelo ocultismo nos últimos anos.

O problema que geralmente mais interessa às pessoas são elas mesmas.

Quem somos, para onde vamos e de onde viemos? A vida tem um propósito? Somos livres ou nosso destino é determinado? Há alguma validação para as nossas boas ou más ações? Há mesmo ações que são boas e outras que são más?

O materialismo responde assim a essas questões: somos produto da evolução material, e o agregado de células que compõem nosso eu irá desaparecer com a morte e irá formar outros novos organismos.

Viemos para cá por acaso e não vamos para nenhum lugar depois da morte. Nossas faculdades e nossas ações dependem somente da hereditariedade, do meio ambiente e de nossos órgãos. Não poderíamos ser mais responsáveis do que seria a roda de um ônibus que esmaga uma pessoa imprudente ou a telha que, ao cair, mata um pedestre; o bem e o mal são palavras inventadas pelo orgulho, para satisfazer a vaidade. O policial ainda é a sanção moral mais elevada. O homem, assim concebido, é composto por um princípio ordinário: o corpo físico.

Já o catolicismo nos ensina que somos feitos de um só corpo, mortal e ordinário, e de uma alma imortal. O corpo vem do pó, e a ele retornará; a alma pertence a Deus, e ela, depois da morte, vai para o paraíso, ouvir os anjos cantarem e contemplar um Deus antropomórfico, se ela tiver sido boa; no caso de ter sido má, irá para o inferno por toda a eternidade. Se ela for neutra e só tiver alguns pecados venais, o purgatório vai estender os seus tormentos sobre ela por apenas alguns milhares de anos. O resto está em conformidade e é capaz de satisfazer totalmente as inteligências medianas. O anatomista e o fisiologista, porém, se perguntam como esse princípio puro pode controlar o reto ou entregar-se à doçura da quilificação.

E entre esses dois extremos, a chamada filosofia espiritualista, à moda dos graduados e dos alunos da École Normale[55]... faz história e crítica. Essa é a coisa mais sábia.

Por sua vez, o ocultismo pretende fornecer uma série de hipóteses prováveis para explicar racionalmente a constituição do homem, tanto para o fisiologista quanto para o filósofo.[56]

A existência, não como uma entidade metafísica, mas sim como uma realidade fisiológica de um princípio de ação intermediário entre os órgãos físicos e as faculdades intelectuais, permite que a maioria dos problemas colocados seja resolvida de forma simples. O materialista está absolutamente certo em suas afirmações, mas ele se detém no estudo do corpo físico; o espiritualista também tem razão, mas estuda apenas o polo oposto da balança: a mente consciente. O ocultista busca não destruir, mas unificar os esforços da filosofia e da ciência.[57]

---

[55] École Normale é um termo genérico para se referir a qualquer instituição de pesquisa ou formação de professores. (N.E.)

[56] *Objetivo da Vida*. É preciso zelar pelos próprios interesses e exercer uma profissão honesta, não para acumular riquezas, mas para obter as coisas necessárias à vida. Devemos obter as coisas necessárias à vida, e até mesmo o conforto, se pudermos, não pelos prazeres que elas proporcionam, mas para afastar a preocupação e a dor, para manter o espírito livre e o corpo sadio. Finalmente, devemos usar essa dupla vantagem: a liberdade de espírito e a saúde do corpo, para desenvolver a inteligência e conduzi-la, pelo caminho da ciência, ao conhecimento de Deus. MAIMÔNIDES (século XII).

[57] Adquira a verdade por meio de suas faculdades intelectuais, a virtude por suas faculdades anímicas, a pureza por suas faculdades instintivas. FABRE D'OLIVET (1820).

O objetivo da vida, diz ele, é criar o seu próprio destino, porque o homem está livre do círculo das fatalidades que carrega consigo, assim como o passageiro do navio está livre em sua cabine.

Tudo o que existe merece o nosso respeito: tanto o corpo físico quanto o espírito. O misticismo é uma perda de equilíbrio moral, tão grande quanto o sensualismo. Nós mesmos criamos a penalidade para as nossas ações, assim como nós mesmos suportamos os erros gerados por nossas más ações, seja nesta vida material, seja em uma existência futura, quando reencarnarmos.

A doutrina da reencarnação na Terra, ou em outro lugar do espaço, dada como penalidade moral para as nossas ações e como a origem de nossa posição na sociedade em que vivemos, sempre foi ensinada pelo ocultismo.[58]

Cada um dos princípios que constituem o homem vem de um plano de ação diferente. O corpo físico vem do mundo físico e retorna a ele. O corpo astral vem do plano astral. O ser psíquico é o resultado da combinação do corpo astral com o espírito; é a centelha atual da personalidade que não será mais a mesma na próxima existência.[59]

---

[58] Na Terra, as almas passam por vários corpos; porém, uma vez que tenham alcançado o nível de um corpo humano, elas não degeneram mais a corpos de animais. PORFÍRIO (século III).
[59] A alma do homem, que vem imediatamente de Deus, se junta, por meios adequados, ao corpo material; e, para esse propósito,

Com a morte, o homem muda de estado, e não de lugar. Ele realiza o ideal que forjou em sua última existência, e esse ideal perdura de acordo com a intensidade com a qual foi criado.

A partir daí, a entidade espiritual reencarna e continua sua evolução individual, desce e sobe na escala social da matéria, mas progride moralmente apesar de si mesma; porque todo o sistema caminha para uma reintegração final. O progresso existe para todos apesar de, aparentemente, não existir para o indivíduo.[60]

No entanto, a evolução, para ser real, deve ser coletiva. A comunidade tem as mesmas leis de existência, doença e morte que os indivíduos; o homem é para a humanidade o mesmo que uma célula do corpo humano é para todo o ser. Há, portanto, uma ciência do social, uma anatomia e uma fisiologia da natureza que são ignoradas por nossos políticos contemporâneos, e em cuja reconstrução trabalha um grande número de ocultistas (desse ponto de vista, citemos sobretudo as obras de F.-Ch. Barlet e Julien Lejay).

---

antes de sua descida e de sua aproximação, ela é revestida por um pequeno corpo de ar, chamado de veículo etéreo da alma, e que os outros chamam de carruagem da alma. Quando se junta ao espírito, que vem do coração, eles mergulham nos humores, tomam controle dos membros e também se aproximam de tudo o que for possível. AGRIPPA (século XVI).

[60] Não é nossa alma que sofre e morre, mas sim a *persona* (a personagem). PLOTINO (século III).

A sociedade é um ser completo, e tem também seus órgãos: os econômicos, ou abdominais; os legais, ou torácicos; e os docentes, ou cerebrais.

A ciência da sociedade, a sua evolução e transformação, normal ou patológica, é a verdadeira chave da história, e precisa ser refeita por quem sabe aplicar os ensinamentos do ocultismo a essa área do conhecimento humano.

A tradição histórica sobre as civilizações antigas da Lemúria e da Atlântida, bem como a lei da evolução das raças geradas, cada uma em sua época e em um continente específico, e que depois foram eliminadas, às vezes até mesmo por algum cataclismo cósmico, essa tradição dificilmente é questionada pelos contemporâneos quanto a suas consequências.[61]

Tri-Unidade no homem. A identidade das leis fisiológicas e psicológicas do indivíduo e do coletivo. A sanção moral dada pela reencarnação. O progresso geral e a liberdade para subir ou descer no círculo da fatalidade, para o indivíduo. O homem

---

[61] Uma observação curiosa pode ser feita sobre o progresso e as invenções humanas. O homem, em suas invenções, reproduz, mais ou menos exatamente, sua própria constituição física. Depois de inventar as máquinas acionadas por molas ou alavancas, ele inventou as máquinas a vapor, nas quais a multiplicidade de partes lembram o tórax humano e seus vasos sanguíneos. Atualmente, a moda está nas máquinas elétricas que lembram os inúmeros fios que formam o sistema nervoso. A máquina ideal seria, portanto, aquela que melhor representasse o homem por inteiro, e que oferecesse uma mistura de molas (abdômen), vasos (tórax) e fios condutores (cabeça).

é fator pessoal de sua sorte e de seu azar, sem ter de sofrer qualquer outro julgamento após a morte, além do ideal manifestado por sua própria consciência. Esses são, resumidamente, os principais pontos descobertos pelas ciências ocultas a respeito do homem. Acrescentemos à existência de seres andróginos, formados no plano divino pela fusão de almas gêmeas, a teoria das imagens astrais, dos elementares e da evocação, e teremos mostrado como o ocultismo explica os fenômenos que confundem tanto os nossos estudiosos contemporâneos, quase todos eles imbuídos de princípios materialistas.

O desenvolvimento da anatomia e da fisiologia por meio da criação da anatomia filosófica e da fisiologia sintética, a criação quase total da psicologia por meio do estudo das habilidades comuns e transcendentes do ser psíquico e do espírito consciente; a reconstrução da história e a criação da política global, da anatomia e da fisiologia social, são essas as principais aplicações que o estudo do homem individual ou coletivo nos permite oferecer aos ocultistas do futuro. E alguns jovens afirmam que não há mais oportunidades para a sua atividade!

Depois de termos falado da melhor maneira que pudemos sobre o homem, o que diremos a respeito dos vários aspectos sob os quais nossos contemporâneos consideram a natureza?

O acaso impulsiona tudo o que existe. Esferas ligadas por hipóteses constituem o Universo infinito, enquanto o progresso, a evolução e o transformismo agem sobre os minerais, as plantas e os animais, segundo a sorte da seleção natural. Toda a natureza, com suas forças físicas e afinidades químicas, evolui majestosamente para alcançar o homem, e, quando essa evolução acontece ao homem, ele retorna ao nada, e assim por diante para sempre. Isso é resumido muito apressadamente nos ensinamentos do materialismo.

Deveríamos falar sobre os ensinamentos da fé católica? Essa doutrina, considerada como dogma, foi baseada em traduções incorretas de um livro de física escrito por um sacerdote de Osíris, apelidado de Moisés. Não falaremos sobre isso, pois a coleção de barbáries acumulada pelos diversos tradutores certamente não merece ser citada nem por um único momento.

Entre físicos e filósofos, ainda vemos surgir ocultistas. À teoria da evolução do físico ao psíquico, eles acrescentam a afirmação da involução do psíquico ao físico; e é da interação dessas duas correntes que resulta toda a criação.

A unidade de força é a unidade de substância, e elas mesmas estão condensadas na unidade de movimento, a origem tanto da força quanto da substância, sempre ensinada pelos alquimistas, os detentores da tradição esotérica.

Finalmente, a existência do plano astral, o criador e conservador do plano físico, o intermediário entre o plano criativo e o material, torna possível ser resolvida uma série de problemas ainda considerados obscuros.[62]

As relações estreitas entre o macrocosmo e o microcosmo dão ao ocultismo novas oportunidades para a solução desses problemas, por meio do método analógico.

Estabelecer ao lado de ensinamentos analíticos, nos quais as características gerais dessas ciências são descobertas pelo uso da analogia, juntamente com os ensinamentos analíticos dos estudiosos contemporâneos sobre astronomia, física, química e as várias ciências naturais, seria algo totalmente atualizado, e mostraria que uma mesma lei governa todas as manifestações da natureza; temos aqui um novo campo aberto à atividade do pesquisador que deseja expandir as aplicações do ocultismo.

A questão da existência de um princípio criador universal, independente da ação imediata da criação, graças à existência do plano astral e do microcosmo, provoca em nosso tempo discussões puramente metafísicas. Por esse motivo, não vamos

---

[62] Não há nenhum membro no homem que não corresponda a um elemento, um planeta, uma inteligência, uma medida, ou uma razão do arquétipo. PARACELSO (século XVI).

insistir nisso, e pedimos ao leitor que retorne para ver o que foi dito a respeito do arquétipo.

As sociedades

O ocultismo, considerado do ponto de vista de sua ação sobre o indivíduo, acima de tudo, visa desenvolver neste ser a espontaneidade e exaltar a sua personalidade.

Por isso, os primeiros estudos devem ser individuais e feitos por meio de meditação e trabalho. Você deve aprender a conhecer o poder de sua vontade.

Mas isso é somente o início, é a criação pelo ser de uma vitalidade que se perderá se não for exercida no mundo exterior.

Uma vez preparado, é necessário se lançar sem medo à luta; é preciso influenciar a sociedade refratária pela ação, pela ciência ou pela arte.

Então, o jovem pesquisador vai querer estabelecer relações com sociedades que lidam direta ou indiretamente com essas questões. A partir daí, ele procurará entrar em um grupo espírita, seja em uma sociedade que trabalha com magnetismo, seja em um grupo de estudos filosóficos.

Para concluir, precisamos dizer algumas palavras sobre as várias ideias apresentadas e as principais escolas existentes atualmente na França.

Em primeiro lugar, que título o recém-chegado aos estudos tem?

Títulos e graus

Na Antiguidade, os títulos científicos eram emitidos por faculdades, que os conferiam após os testes de iniciação; essas notas eram todas de caráter sacerdotal.

É assim que *Hermes Trismegisto* se referia à universidade central, das quais todas as faculdades regionais, chamadas de *templos*, eram ramificações.

Os doutores de cada uma dessas faculdades assumiam o nome de *sacerdotes*: sacerdote de Esculápio, doutor em medicina, sacerdote de Apolo, doutor em arte, e assim por diante. Além disso, os elevados graus científicos conferidos nos diversos centros deram os títulos sucessivos de *filhos da mulher* (ou licenciados), *filhos dos Deuses* (ou agregados), *filhos de Deus* (ou iniciador prático e professor), entre outros.

Esses nomes mudavam de acordo com as universidades. No Egito, o *mista* e o *epopta* indicavam as classificações equivalentes às mais altas patentes dos mistérios de Mitra, na Pérsia, e o *epopta* era um título semelhante ao de mago que, para os judeus iniciados, era análogo ao título de *cabalista*.

Em nossos tempos, as sociedades secretas mantiveram certos nomes de caráter sacerdotal. Mas, para evitar o ridículo, esses graus são geralmente designados pela letra 'M', ou pelo número 18, a menos que pertençam ao título da ordem.

Além disso, caso veja, hoje, pessoas que se autodenominem "magos" ou "hierofantes", e até mesmo "filhos de Deus", sem que haja uma assembleia patente ou oculta, capaz de emitir tais títulos após o exame, fique certo de que estará lidando com pessoas ignorantes ou presunçosas, se não pior.

O ocultismo e o espiritismo

Já falamos, muitas vezes, no decorrer de nossa apresentação, dos fenômenos chamados espíritas. A existência desses fenômenos constitui hoje um fato tão inegável quanto a existência dos fenômenos do hipnotismo e da sugestão.

Mas os estudiosos que lidaram com esses fatos, como Crookes e Lombroso, se atestaram a sua veracidade, sempre fizeram reservas quanto à teoria espírita.

Basta ler um artigo que não está bem documentado, mas expõe bem as ideias de nossos cientistas contemporâneos, na revista *Philosophique*, de 1º de abril de 1892. O autor do artigo é o Sr. Paul

Janet. Lá podemos ver como essas teorias são consideradas pelos filósofos contemporâneos.

Depois de reconhecer a insuficiência da teoria espírita do ponto de vista das exigências da ciência contemporânea, é que fomos levados a expor as ideias do ocultismo a respeito dos mesmos fatos.

O ocultismo não nega, e nunca negou, a possibilidade de comunicação com os mortos; mas restringe consideravelmente o número de comunicações reais. Na maioria das vezes, na verdade, tratam-se apenas de fenômenos de autossugestão ou de hipnotismo transcendente, em que as forças dos médiuns e dos assistentes intervêm sozinhas.

Por outro lado, o ocultismo fornece a esses fatos uma teoria complicada e abstrata, em alguns aspectos, para determinadas inteligências, capaz de satisfazer uma mente rigorosa, mas bastante complicada para muitas pessoas.

Por isso, recomendamos fortemente a todos os nossos leitores, que ainda não são familiarizados com essas questões, que estudem a teoria espírita primeiramente e que pratiquem o espiritismo com a ajuda de todos os médiuns que puderem encontrar.

E, se o espiritismo lhes parecer a expressão total da verdade, se essa doutrina essencialmente consoladora é suficiente para as suas aspirações, tenham o cuidado de não procurar outra coisa.

O espiritismo ensina, de fato, a constituição ternária do ser humano, o estado do espírito no plano astral é bem descrito por meio da doutrina errática, a lei da reencarnação, com todas as suas consequências sociais, está lá bem explicada, e um membro da antiga universidade hermética do Egito reconheceria nessa doutrina simples e consoladora os primórdios de qualquer iniciação.

O filósofo contemporâneo procuraria em vão no espiritismo, uma teodiceia, uma cosmogonia ou mesmo uma metafísica original; mas o espiritismo tem um amor tão intenso pela experimentação e um desinteresse tão grande pela metafísica, mesmo que ela seja científica, que o filósofo nada teria a dizer.

Por isso, repetimos, comece sempre os estudos pelo espiritismo e, se essa doutrina atender plenamente às suas expectativas, fique com ela. Nós não somos sectários, e não reivindicamos a posse exclusiva da verdade, somos sim pesquisadores independentes, e toda convicção sincera merece o nosso respeito.

Se, por outro lado, a ação constante dos "espíritos" na produção desses fenômenos não lhe parecer algo tão óbvio, como dissemos; se você observar muita semelhança entre as comunicações obtidas e o nível intelectual dos médiuns, ou se os seus estudos forem conduzidos de acordo com os princípios do positivismo, e isso levá-lo a estudar as relações entre o hipnotismo e os fatos espíritas, você será capaz de observar, então se aproxime do ocultismo, constate as teorias que ele apresenta ao explicar esses fatos ainda estranhos.

O estudo e a explicação dos fenômenos astrais só constituem uma pequena porção do domínio do ocultismo; como já vimos. Portanto, falamos desses fatos apenas para mostrar que, se muitos daqueles que atualmente trabalham para aplicar o ocultismo aos nossos conhecimentos contemporâneos começaram estudando o espiritismo, é porque esse é realmente o caminho que todos os iniciantes devem seguir; por isso, o nosso conselho.

Um ocultista que não conhece a teoria e os fenômenos espíritas certamente seria uma exceção entre nós. E, ao começar por aí, se poderá perceber mais tarde as complicações e as aparentes dificuldades que o ocultismo apresenta aos iniciantes.

Quiseram colocar os ocultistas e os espíritas como oponentes. E para que isso? O ocultismo é muito mais abstrato, muito mais complicado em suas explicações do que espiritismo. E estamos convictos de que basta chegarmos a um entendimento, e o tempo cuidará de colocar todos de acordo.

A "Sociedade Teosófica"

Se encorajamos os nossos leitores a começarem sem medo seus estudos dos fenômenos e das teorias espíritas, é porque eles estarão na presença de pesquisadores cuja sinceridade geralmente não pode ser questionada.

Por outro lado, aconselhamos que sejam extremamente cuidadosos se alguma vez vierem a ter contato, de perto ou de longe, com a sociedade cujo o nome é citado acima. Basta saber que todos os escritores franceses retiraram-se repentinamente dessa sociedade, e que nós mesmos tivemos de pedir duas vezes a nossa exclusão daquele ambiente. Não podemos dizer nada mais a respeito.

Porém, se algum leitor deseja trabalhar com o orientalismo, principalmente o ocultismo do Oriente, que vá ao Museu Guimet, caso esteja em Paris, e que entre em contato com a administração. Do contrário, consulte as publicações governamentais em língua inglesa sobre o budismo e as religiões e filosofias da Índia.

Tudo isso não irá custar nada, ou custará muito pouco, e o leitor aprenderá seriamente sobre o assunto. Por outro lado, se ele quiser somente um pouco de diversão, que estude os chamados ensinamentos "esotéricos" da Sociedade Teosófica, e temos certeza de que ele será o primeiro a nos agradecer pelo conselho que lhe demos há pouco.

O Grupo Independente de Estudos Esotéricos

Há quase três anos, em novembro de 1889, foi fundado o *Grupo Independente de Estudos Esotéricos*. Seus objetivos eram os seguintes:

1. O estudo imparcial, independentemente de qualquer academicismo e qualquer clericalismo, dos dados científicos, artísticos e sociais, escondidos por trás de todos os simbolismos, todos os cultos e todas as tradições.
2. O estudo científico, por meio da experimentação e da observação, das forças ainda desconhecidas da natureza e do homem (fenômenos espíritas, hipnóticos, mágicos e teúrgicos).
3. A reunião de forças para a luta contra as descrentes doutrinas do materialismo e do ateísmo.

Não há taxa de entrada ou de adesão para os membros. Os assinantes de qualquer uma das revistas publicadas pelo Grupo são automaticamente membros dos círculos de estudos, mediante solicitação.

Hoje (1892), o Grupo, originalmente fundado em um pequeno escritório, tem em Paris, na Rue de Trévise, 29, uma sala de conferências e uma sala de leitura anexa a uma livraria, a *Librairie du Merveilleux*, especialmente dedicada à venda e à publicação de obras espiritualistas.

Além disso, o grupo conta com 96 grupos experimentais, com diversos ramos e correspondentes, tanto em Paris como nas províncias e no exterior. É a única sociedade espiritualista que conseguiu constituir um grupo regularmente estabelecido na França.

Os trabalhos continuam em Paris dentro dos comitês (grupos de estudos fechados), e cada um trata de uma questão particular.

Os relatórios são publicados no *Voile d'Isis*, o jornal semanal do grupo.

Além do *Voile d'Isis* (editor-chefe: Julien Lejay, secretário de equipe editorial: L. Mauchel), o Grupo também possui uma revista mensal chamada *l'Initiation*, editada por Papus, uma revista mensal chamada *Psyché*, voltada à arte e à literatura (editor-chefe: Émile Michelet, secretário de equipe editorial: Augustin Chaboseau), além de um outro semanal, *The Light of Paris* (diretora: Srta. A. de Wolska).

Finalmente, várias sociedades de estudos filosóficos aderiram ao grupo, mas cada uma delas mantém total autonomia e independência. Vamos mencionar, em particular, a Sociedade de Psicologia Científica de Munique, a Fraternidade Oculta H. B. de L, a Ordem Cabalística da Rosa-Cruz, presidida por Stanislas de Guaita, o Conselho Supremo da Ordem Martinista e a Biblioteca Internacional de Obras Femininas, entre outras. Esse é o estado atual dessa sociedade que recomendamos aos nossos leitores.

Aqueles que desejarem obter mais informações, podem nos encontrar todas as quartas-feiras, das 17h às 19h, na Rue de Trévise, 29, ou podem nos escrever nesse endereço.

Conclusão

Nos últimos tempos, o ocultismo tem sido alvo de ataques extremistas, tanto na França quanto no exterior. Alguns autores que são pouco eruditos, ou mal-informados, pretendem negar a antiguidade e a estabilidade da tradição esotérica através dos tempos; alguns outros queriam, com o uso de detalhes irrelevantes, procurar contradições nele a partir das diferentes escolas.

Entretanto, temos feito todos os esforços para abandonar as controvérsias apreciadas por mentes superficiais. Por isso, nos referimos a autores anteriores aos três pontos fundamentais das ciências ocultas: *Tri-Unidade – analogia – mundo invisível*, com citações tiradas das mais diversas épocas e entre os mais diversos autores, do Zende-Avesta a Wronski. Essa resposta, aliás, será melhor que todas as controvérsias e todas as discussões sobre as relações que unem o ocultismo contemporâneo às antigas iniciações.

Por outro lado, acreditou-se que o nosso século foi o primeiro a analisar as teorias e as práticas que unem os seres visíveis ao mundo invisível.

A teoria dos fenômenos modernos da sugestão, da encarnação, das materializações, das respostas inteligentes dadas por meio de pancadas, entre outros, que já ocorriam desde o século XVI, refutará suficientemente essa afirmação.

Finalmente, estamos convencidos de que, com o retorno aos estudos sérios dos fatos extraordinários que estão ligados a esse campo de ideias, a busca de teorias que sejam mais científicas do que sentimentais levará os pesquisadores a se interessarem mais por aquela antiga "ciência dos magos", sobre a qual sabemos tão pouco.

A todos vocês que, confiantes no futuro, buscam outro ideal que não seja o dinheiro, e a todos vocês que estão cansados do positivismo, como eu estava, que acreditam na onipotência da razão humana auxiliada pela intuição; a vocês, nobres artistas, jovens cientistas, futuros governantes, apelo em nome da moralidade que se extingue, da ciência que se desconhece e do ideal que materializamos. Reajamos contra as estreitas concepções do materialismo e do clericalismo, pensemos na profunda transformação que está ocorrendo em nossa sociedade e saibamos, caso os eventos que estão para acontecer sejam mesmo notáveis, elevar nossas almas à altura de tais eventos.

Posfácio

Ao longo de sua jornada, Papus dedicou-se à constante luta contra o materialismo científico racional que predominava na França no final do século XIX, defendendo a doutrina espiritualista como uma alternativa ao positivismo. Para se examinar com mais clareza a concepção filosófica de Papus sobre as ciências ocultas, foi transcrito a seguir o artigo "Como me tornei um místico", publicado na revista *L'Initiation*, em dezembro de 1895. Esse artigo é importante para se compreender a visão do autor sobre a espiritualidade, numa sociedade que se voltava para a secularização.

A partir de suas próprias palavras, o texto dá voz à trajetória do médico Gérard Anaclet Vincent Encausse ao místico Papus. O leitor terá a oportunidade de percorrer o caminho trilhado por Papus para ir do materialismo ao misticismo.

Como me tornei um místico[1]

Notas da autobiografia intelectual
Para Camille Flammarion

Muitos escritores independentes, alguns filósofos e alguns cronistas, frequentemente se perguntam como é possível os jovens educados nos princípios da "razão" e protegidos da "superstição" de repente abandonar esses ensinamentos positivistas para embarcar em estudos místicos, e se interessar por questões religiosas e filosóficas mais do que por evoluções políticas, levando a extravagância ao ponto de pesquisar sobre ciências ocultas e magia, o que denota, se não uma aberração total, pelo menos um certo enfraquecimento das faculdades intelectuais?

---

[1] Artigo publicado na revista *L'Initiation* em dezembro de 1895. Disponível (em francês) em: <https://cercle-papus.com/portraits/comment-je-devins-mystique-par-papus/> (N.E.)

Esse movimento da juventude contemporânea em direção ao misticismo preocupa os homens maduros e frustra suas esperanças. Queremos permitir que um antigo adepto das doutrinas materialistas, um médico educado nos princípios caros ao positivismo, relate algumas características de seu desenvolvimento intelectual e mostre pelo menos um caso desse estranho torpor místico, seguido desde o seu início até a crise aguda? Se os filósofos não estão interessados nesta observação, talvez ela beneficie os alienistas; uma vez que é comum em certo meio considerar todos os espiritualistas como degenerados, se não loucos.

Esta é a primeira vez que abordo minha autobiografia intelectual e farei tudo para ser o mais conciso possível. Portanto, primeiro advirto os colegas que podem ser chamados a seguir minhas observações de que nunca estive em contato com professores religiosos; pelo contrário, todos os meus estudos da escola primária ao doutorado médico, passando pelo certificado da escola primária, pelo certificado de gramática e pelo bacharelado, foram realizados em escolas seculares ou no colégio Rollin. Portanto, não há necessidade de buscar aqui a predisposição doentia derivada dos ensinamentos da infância.

Em 1882, comecei meus estudos médicos e encontrei todas as cadeiras importantes da Escola de Paris, dadas por materialistas, ensinando as doutrinas que eles estimavam sob o pretexto do evolucionismo. Assim, tornei-me um ardente "evolucionista", compartilhando e propagando a fé materialista da melhor maneira possível.

Pois existe uma fé materialista que considero necessária para qualquer cérebro que queira evoluir em algum momento. Materialismo, que ensina a trabalhar pela comunidade sem nenhuma esperança de recompensa, já que somente a memória de sua personalidade pode permanecer depois de você, esta doutrina, que endurece o coração e ensina a saudar somente os fortes na luta pela vida, tem, no entanto, uma poderosa ação sobre a razão, e isso redime um pouco seus erros e perigos. Sabemos que vantagem o materialismo tem tirado da doutrina da evolução. E, no entanto, foi o estudo minucioso da evolução que me mostrou a fraqueza do materialismo e seus erros de interpretação.

Disseram-me: "Esses sais minerais, esta terra, lentamente quebrados e assimilados pela raiz da planta, irão evoluir e se tornar células vegetais. Essa planta, por sua vez, transformada pelas secreções e fermentos no estômago do animal, se tornará fluídos e se transformará nas células desse animal". Mas a reflexão logo me fez perceber que estávamos esquecendo um dos fatores importantes do problema a ser resolvido.

Sim, o mineral evolui e seus princípios essenciais tornam-se os elementos materiais da célula vegetal. Mas com uma condição: é que as forças físico-químicas e o próprio Sol venham a ajudar nesse fenômeno, isto é, com a condição de que as forças superiores por sua evolução se sacrifiquem à evolução das forças inferiores.

Sim, a planta digerida realmente se torna a base material de uma célula animal, mas com a condição de que o sangue e a força nervosa (ou seja, as forças superiores na escala de evolução) venham a se sacrificar. Pela evolução da célula vegetal e por sua transformação em fluídos.

Em resumo, qualquer ascensão na série, qualquer evolução exigia o sacrifício de uma e mais frequentemente de duas forças superiores. A doutrina da evolução é incompleta. Ela representa apenas um lado do fato e negligencia o outro. Ela traz à luz a lei da luta pela vida, mas esquece a lei do sacrifício que domina todos os fenômenos.

Possuído por essa ideia que acabara de descobrir e que me era muito cara, resolvi investigar minha descoberta da melhor maneira possível, e passei meus dias na Biblioteca Nacional. Fui estagiário no hospital; um ano de trabalho, dois no máximo, teria me permitido ser estagiário e realizar uma carreira médica talvez frutífera. Eu dediquei aqueles anos que meus colegas haviam passado estudando os trabalhos dos examinadores ao estudo dos trabalhos dos alquimistas, dos velhos grimórios mágicos e dos elementos da língua hebraica, e a partir daquele momento meu futuro tomou forma. A descoberta que eu pensava ter feito, encontrei novamente nas obras de Louis Lucas, depois nos textos herméticos, depois nas tradições indianas e na cabala hebraica. Apenas a linguagem era diferente e, onde escrevemos HCl, os alquimistas desenharam um leão verde; e onde escrevemos 2HCl + Fe = FeCL2 + H2, os alquimistas desenharam um guerreiro (Marte, o elemento ferro) devorado pelo leão verde (ácido).

Em poucos meses, esses famosos grimórios eram tão fáceis de ler quanto as obras muito mais obscuras de nossos pedantes químicos contemporâneos. E, além disso, aprendi a usar esse maravilhoso método analógico, tão pouco conhecido dos filósofos modernos, que permite a todas as ciências se ligar em uma síntese comum, mostrando que os antigos foram pura e simplesmente caluniados, do ponto de vista científico, pelo desconhecimento histórico indescritível dos professores de ciências de nossos dias.

*

Foi estudando os livros herméticos que tive as primeiras revelações sobre a existência de um princípio em ação no ser humano, e que tão facilmente explica todos os fatos hipnóticos e espiritualistas. Aprendi na faculdade de medicina que todas as doenças são danos às células, e que nenhuma função pode ser realizada sem o trabalho das células. Todos os fenômenos psíquicos, todos os fatos da vontade e ideação, todos os fatos da memória correspondiam ao trabalho de certas células nervosas, e a moralidade, as ideias de Deus e do Bem eram o resultado mecânico produzido pelos efeitos da hereditariedade ou do ambiente sobre a evolução das células nervosas. Quanto aos filósofos e "teólogos" ditos "espiritualistas", deviam ser considerados ou como ignorantes, que não conheciam anatomia nem filosofia, ou como loucos mais ou menos enfermos conforme o caso. Um livro de psicologia não teria valor se não fosse feito por um médico e que pertencesse à escola das pessoas "educadas" e razoáveis, ou seja, à escola materialista oficial. E para as pessoas ingênuas que ainda acreditavam na alma, foi dito: "A alma nunca foi encontrada debaixo de seu bisturi". Isso, em poucas palavras, é o resumo das opiniões filosóficas que nos foram ensinadas.

Sempre tive o perigoso hábito de aceitar uma ideia somente depois de eu mesmo tê-la estudado de todos os ângulos. A princípio, encantado com o ensino da Escola, gradualmente fui tendo algumas dúvidas que peço permissão para expor.

A Escola ensinava que nada se realiza sem a ação dos órgãos, tanto mais numerosos quanto mais se estabelece a divisão do trabalho no organismo. No entanto, durante o incêndio no Hôtel-Dieu, tínhamos visto paralíticos, cujas pernas estavam atrofiadas e cujos nervos já não existiam como órgãos, de repente recuperarem o uso de seus membros, até então sem utilidade. Mas isso ainda era apenas um argumento fraco.

Os experimentos de Flourens[2] mostraram que nossas células se renovam em um tempo que, para os humanos, não passa de três anos. Quando vejo um amigo novamente, três anos depois de uma visita anterior, esse amigo não possui mais nenhuma das células materiais que existiam antes. E, no entanto, as formas do corpo são preservadas, a semelhança me permite distinguir que meu amigo ainda existe. Então, qual órgão presidiu a essa conservação das formas, quando

---

[2] Jean-Pierre Flourens (1794-1867), fisiologista francês, foi o primeiro a demonstrar experimentalmente as funções gerais das principais porções do cérebro dos vertebrados e um dos pioneiros na anestesia. Fonte: Enciclopédia Britânica. (N.E.)

nenhum órgão do corpo escapou a essa lei? Esse argumento é um dos que sempre me surpreendeu mais. Mas eu tinha de ir ainda mais longe.

Claude Bernard,[3] ao estudar a relação da atividade cerebral com a produção da ideia, foi levado a notar que o nascimento de cada ideia causava a morte de uma ou mais células nervosas, de modo que essas famosas células nervosas, que foram e ainda são o baluarte da argumentação dos materialistas, retoma, segundo essa pesquisa, o seu papel real, o de instrumento, e não o de agente produtor. A célula nervosa foi o meio de manifestação da ideia e não gerou a ideia em si. Uma nova descoberta apoiou ainda mais a validade desse argumento. Todas as células do ser humano são substituídas em um certo tempo. Agora, quando me lembro de um fato que aconteceu há dez anos, a célula nervosa que na época registrou esse fato foi substituída cem ou mil vezes. Como a memória do fato foi preservada intacta ao longo dessa hecatombe de células? O que acontece com a teoria da célula generativa?

E mesmo esses elementos nervosos, que desempenham um papel tão importante na realização do movimento, são essenciais para esse movimento quando a embriologia nos ensina

---

[3] Claude Bernard (1813-1878), médico e fisiologista francês a quem devemos os fundamentos da fisiologia moderna. Fonte: Enciclopédia Britânica. (N.E.)

que o grupo de células embrionárias que mais tarde constitui o coração, bate ritmicamente enquanto os elementos nervosos do coração ainda não estão constituídos.

Esses poucos exemplos, escolhidos ao acaso entre uma série de fatos, levaram-me a observar que aqui novamente o materialismo levou seus seguidores no caminho errado ao confundir o instrumento inerte com o agente de ação eficaz.

À comprovação de que o centro nervoso constitui a ideia, o materialismo nos diz: qualquer dano ao centro nervoso repercute nos fatos ideativos e, se houver qualquer dano em sua terceira convolução frontal esquerda, você se tornará afásico, e afásico de um tipo particular, dependendo do grupo de células nervosas afetadas pela lesão.

Esse raciocínio é simplesmente absurdo e, para demonstrá-lo, vamos aplicar o mesmo raciocínio a um exemplo: o telégrafo.

A prova de que a máquina telegráfica faz o envio da mensagem é que qualquer dano ao dispositivo telegráfico afeta a transmissão, e, se eu cortar o fio do telégrafo, a mensagem não pode passar.

Este é exatamente o valor do raciocínio materialista: eles se esquecem do telégrafo ou querem ignorar a sua existência.

O cérebro está para o princípio espiritual que existe dentro de nós exatamente como o dispositivo transmissor está para o telégrafo. A comparação é antiga, mas ainda é excelente.

O materialista chega até nós e diz: "Suponha que o telegrafista não exista e raciocinemos como se ele não existisse". Em seguida, ele faz uma afirmação dogmática: "O dispositivo transmissor funciona por si mesmo e produz o envio da mensagem após uma série de movimentos mecânicos provocados pelos reflexos". Feito isso, o resto funciona por conta própria, e o materialista felizmente conclui que a alma não existe e que o cérebro produz ideias por conta própria, como a máquina de telégrafo produz o envio da mensagem. E esse raciocínio não deve ser refutado; é um dogma positivista defendido tão fanaticamente quanto um dogma religioso.

Sei o quanto me custa ter descoberto a incoerência do raciocínio: fui acusado de astúcia, porque se supunha que um materialista que se tornasse místico só poderia ser uma pessoa "astuta" ou maluca. Agradeço aos nossos adversários por escolherem novamente o primeiro termo. Mas vamos em frente.

Assim como podemos ver que as células materiais do corpo são apenas ferramentas de algo que preserva as formas do corpo através do desaparecimento dessas células, também podemos ver que os centros nervosos são apenas ferramentas de algo que usa esses centros como instrumentos de ação ou de recepção.

E o anatomista, armado com seu bisturi, não descobrirá mais a alma ao dissecar um cadáver do que o trabalhador, armado com seu alicate, descobrirá o telegrafista ao desmontar a máquina de telégrafo, ou o pianista ao desmontar o piano.

É desnecessário, penso eu, demonstrar ainda mais a incoerência do raciocínio com que os chamados filósofos positivistas sempre se opõem a seus adversários.

Antes de encerrar estas linhas, ainda quero chamar a atenção para dois "truques" de raciocínio usados pelos materialistas nas discussões, e dos quais se servem generosamente quando se sentem inferiores aos seus oponentes.

O primeiro truque é a "referência a ciências especiais e memórias obscuras", consideradas desconhecidas pelo adversário ingênuo.

Como você se atreve a falar das funções cerebrais se ignora a cristalografia?

Você ousa lidar com essas questões e não leu a última dissertação de Tartempion[4] sobre as funções cerebrais do homem terciário e do peixe-dourado? Vá para a escola e só volte para discutir comigo quando "conhecer" os elementos da questão que você está abordando. Agora, aqueles que nos apoiam com esse disparate são geralmente

---

4 Nome próprio fictício usado para qualquer pessoa.
   Fonte: *Dictionnaire Le Robert* (N.E.)

estudantes brilhantes da faculdade de medicina, que só conhecem psicologia e filosofia de nome... e olhe lá!

O segundo "truque" consiste em nos esmagar sob o ridículo, pois temos a audácia de ter uma "opinião" contrária à do sr. X., que tem mais títulos que nós. Como pode você, um mero médico, contestar a opinião do sr. X., o professor adjunto, ou do sr. Z., o brilhante professor?! Torne-se primeiro o que eles são, e então veremos.

Todas essas são saídas falsas, e tão comuns que foram usadas recentemente por Brunetière,[5] que ousou falar em ciência quando nem sequer é médico... Um horror! E, quando se é médico, deve-se ser professor adjunto, e, quando se é professor, deve-se ser membro do Instituto, e, quando finalmente um membro da Academia de Ciências ousa afirmar sua fé em Deus e na imortalidade da alma, como fez Pasteur, diz-se que ele era velho e que o abrandamento explica tais doutrinas. Essas são as evasões usuais dos mate-

---

5 Ferdinand Brunetière (1849-1906) foi um importante escritor e crítico literário francês. Brunetière era sobretudo um classicista racionalista e se opôs diversas vezes às correntes literárias de seu tempo e ao cientificismo dominante na época. Defendeu uma teoria da evolução de gêneros literários, inspirada nas teorias de Darwin. Fonte: Biblioteca Digital Unesp (N.E.)

rialistas, mas basta conhecê-las para trazê-las de volta ao seu devido lugar. Portanto, nem sempre é justo dizer que a fé é uma graça especial concedida a algumas naturezas. Estou convencido, pelo que chamarei de meu desenvolvimento pessoal, de que a fé se adquire pelo estudo, como tudo mais. No entanto, o conhecimento materialista é de grande importância. Ele permite abordar a psicologia e os problemas da alma com base na fisiologia e, assim, proporciona relevância à doutrina dos três princípios do homem e do que se denomina, na história da filosofia, a teoria do mediador plástico.

Essa teoria admite que entre o corpo físico e a anatomia, o espírito imortal e a psicologia, existe um princípio intermediário responsável por assegurar as relações entre os dois extremos, e que se enquadra no domínio da fisiologia.

Esse princípio, conhecido hoje como vida orgânica, que atua exclusivamente sobre os órgãos de fibras lisas através do grande nervo simpático, tem uma existência definitiva, na minha opinião, e não é uma questão de dedução metafísica.

Os antigos hermetistas chamavam esse princípio de corpo formador, ou corpo astral, e foi a ele que atribuíram essa preservação e manutenção das formas do organismo. Agora posso dizer que o estudo desse corpo astral, que venho buscando há quase dez anos, me permitiu estabelecer uma explicação muito científica desses estranhos fenômenos hipnóticos e espíritas que tanto desconcertam certos professores da Faculdade de Paris no momento. Além disso, um exame sério de todas as teorias apresentadas para explicar esses fatos me permite afirmar que a teoria do hermetismo sobre a constituição do homem, uma teoria que não varia desde a décima oitava dinastia egípcia, ou seja, há trinta e seis séculos, é a única que dá um relato lógico e satisfatório de todos os fatos observados. O estudo do problema da morte e do problema da sobrevivência da personalidade além da sepultura também pode ser abordado, e esse estudo deve ter algum interesse, uma vez que muitos "jovens" contemporâneos pertencentes à classe intelectual preferem essa pesquisa às complicações da política e das lutas partidárias.

Talvez, em outra oportunidade, eu fale sobre meu modo esotérico. Por ora, queria apenas mostrar o caminho percorrido exotericamente, desde minhas convicções materialistas até meus estudos místicos atuais.

Papus

Copyright desta edição © Ajna Editora, 2022
Todos os direitos reservados.

Título original: *La science des mages*.
Da décima edição do original francês publicado pela Librairie du Merveilleux, Chamuel, Èditeur, 1892, Paris.

Grafia atualizada segundo o Acordo Ortográfico da Língua Portuguesa de 1990, que entrou em vigor no Brasil em 2009.

EDITORES Lilian Dionysia e Giovani das Graças
TRADUÇÃO Jefferson Rosado
PREPARAÇÃO Lucimara Leal
REVISÃO Heloisa Spaulonsi Dionysia
PROJETO GRÁFICO E CAPA
Tereza Bettinardi e Gabriela Gennari

IMAGEM DA CAPA
Robert Fludd, 1638, *Philosophia Moysaica*

2022
Todos os direitos desta edição reservados à AJNA EDITORA LTDA.
ajnaeditora.com.br

Dados Internacionais de Catalogação na Publicação (CIP)
(Câmara Brasileira do Livro, SP, Brasil)

Papus, 1865-1916
A ciência dos magos : e suas aplicações teóricas e
práticas / Papus ; [gravuras de Louis Delfosse] -- tradução
Jefferson Rosado. -- 1ª ed. -- São Paulo : Ajna Editora, 2022.

Título original: La science des mages.
ISBN 978-65-89732-07-5

1. Ciências ocultas   2. Espiritualidade   3. Magos
4. Misticismo   5. Ocultismo   I. Título.

21-93250   CDD-133.43

Índices para catálogo sistemático:
1. Magos : Ciências ocultas 133.43
Maria Alice Ferreira - CRB-8/7964

Primeira reimpressão [2024]

Esta obra foi composta
em Chiswick Text e impressa
pela Ipsis para a Ajna Editora.